跨文化交际下的高校英语教学研究

贺 娟◎著

吉林人民出版社

图书在版编目（CIP）数据

跨文化交际下的高校英语教学研究 / 贺娟著. -- 长春：吉林人民出版社，2023.7
ISBN 978-7-206-20528-6

Ⅰ.①跨… Ⅱ.①贺… Ⅲ.①英语－教学研究－高等学校 Ⅳ.①H319.3

中国国家版本馆CIP数据核字（2023）第195537号

跨文化交际下的高校英语教学研究
KUA WENHUA JIAOJI XIA DE GAOXIAO YINGYU JIAOXUE YANJIU

著　者：贺　娟		封面设计：吕冠超	

责任编辑：门雄甲

吉林人民出版社出版发行（长春市人民大街7548号　邮政编码：130022）

印　刷：唐山唐文印刷有限公司
开　本：787 mm×1092 mm　　1/16
印　张：8　　　　　　　　　字　数：140千字
标准书号：ISBN 978-7-206-20528-6
版　次：2023年7月第1版　　印　次：2024年4月第1次印刷
定　价：68.00元

如发现印装质量问题，影响阅读，请与印刷厂联系调换。

PREFACE 前　言

在经济全球化过程中，跨文化交际已经成为高校英语教学中不可或缺的重要组成部分，是不断提高学生英语语言使用能力、口语表达能力以及人际交往能力的重要手段。跨文化交际并非单纯的语言交流，而是不同文化之间的交融和碰撞。因此，在高校英语教学活动实施过程中，应加强对广大学生的文化教育，通过多种有效的教学方式方法引导学生逐步认知语言存在的文化差异，提升大学生跨文化交际能力培养效果。

在多元文化交融与碰撞的背景下，国家之间的文化交流必然会存在诸多阻碍，然而，沟通顺畅正是保证国家之间展开更多合作的基础。因此，在我国高校英语教学过程中，必须不断加强大学生跨文化交际意识与能力的培养工作，使其对英语文化背景有更充足的了解，能够在不同的语用环境下灵活运用英语表达，为我国适应全球化发展提供更多优质的英语人才。本书明确跨文化交际的内涵，正确认知跨文化交际融入高校英语教学的重要性与必要性，提出融入的基本原则和有效策略。本书兼具理论与实际应用价值，可供广大高校英语教学相关工作者参考和借鉴。

为了提升本书的学术性与严谨性，在撰写过程中，笔者参阅了大量的文献资料，引用了诸多专家学者的研究成果，因篇幅有限，不能一一列举，在此一并表示最诚挚的谢意。由于时间仓促，加之笔者水平有限，在撰写过程中难免有不足的地方，希望各位读者不吝赐教，提出宝贵意见，以便笔者在今后的学习中加以改进。

CONTENTS 目 录

第一章 跨文化交际 ········· 1
  第一节 文化与交际 ········· 1
  第二节 跨文化交际基本分析 ········· 11
  第三节 跨文化交际能力分析 ········· 15
  第四节 跨文化交际学 ········· 26

第二章 高校英语教学 ········· 33
  第一节 高校英语教学的理论基础 ········· 33
  第二节 高校英语教学的构成因素 ········· 39
  第三节 高校英语课堂教学模式 ········· 46

第三章 跨文化交际与英语教学的融合 ········· 49
  第一节 跨文化交际与英语教学 ········· 49
  第二节 跨文化交际能力与英语教学的融合 ········· 53
  第三节 跨文化交际教学中英语本土化的重构 ········· 55

第四章 基于跨文化交际的大学英语教学模式 ········· 61
  第一节 外语教学法演变历程 ········· 61
  第二节 中国英语在跨文化交际中的作用 ········· 82
  第三节 构建基于跨文化交际的大学英语教学模式 ········· 84

参考文献 ········· 100

第一章 跨文化交际

第一节 文化与交际

一、文化的定义与特征

(一) 文化概念的意义与价值

(1) "文化"是人们在日常生活中最常听到的一个词。在现实生活中,"文化"这一概念的运用逐渐趋于异化,其中最明显的表现就是把文明与文化相提并论,将学历层次等同于文化水平,把听、说、读、写、算等知识和技巧当作文化程度的标尺,这是一种需要引起学术界高度重视的社会现象。

"文化"一词是一种学术性的用词,它具有传播、推广的价值。由于它与人类的历史、与不同的社会形式、与人们的生活相联系,它应该面向更广大的人民大众。具体地说,人都是"文化精神产品"和"文化物质产品"的创造者(这两种产品都是中性词),所有人都深深地植根于文化演进的历史之中,都是"局内人"。如果让更多的"知情者"对"文化"进行认识和理解,那么,他们就会对"我是谁""我要干什么""我要怎样做"等问题有不同的认识,从而,从一种"盲从"的生存状态转变为"思考者"乃至"批判者";了解自己的根基,在人生的道路上就可以成为一个"明白人"。

"文化"虽然是一个中性的词汇,但是,若能对其进行适当的解释,就会产生一股积极的力量,它可以在一定程度上唤起人们的文化意识。例如,在交流内容、交流方式、生产活动、生活态度、公共道德等层次上增强公民的素质;认识到自身既是文化产物的创造者,也是文化产物的消费者,从而形成了主体责任感;认识到"文化"对于人的影响,就可以选择性地接纳正面的文化,从而促使个人形成正确的世界观、人生观、价值观等。因此,让更多人能够更容易地理解"文化"这个概念,对于建立一个和谐的社会是非常有益的,这正是费孝通概括出的一种文化自觉,即"生活在一定文化中的人对其文化要有自知之明"。

(2) 约翰·哈特利在关于"文化研究的谱系"的论述中指出,文化专门研究边缘和边界,既有话语性的,也有社会性的,文化研究不能接受任何一种形式的标准化,其中包含了文化的定义,作为一个研究领域、文化研究的范围、适合于完成任务的方法、文化研究自身的历史等。哈特利对此的论述,建立在对文化研究的广泛基础之上,即研究之门一旦打开,谁也不能将之关上。举例来说,每一种创作,都意味着"文化"的"孩子"的出生,当这些"子"在特定的社会情境中,以"子们"的形式出现时,它们自然会受到上层建筑的注意,并在"文化"领域和更大范围内合理地存在,也可能是直接存在于上层建筑。

文化的繁衍有多大,研究的范围就有多大,内涵也会随着新的创造而演变;因为"意识不能先于创造",所以它也是一种难以预测、难以控制的东西。因此,文化和文化概念的界定,只有在社会演进中呈现,而不是统一的。

(3)斯图亚特·霍尔强调"意义"在文化界定中的重要作用,指出文化是一种群体或群体之间的共同意义,并不仅是创造者单方面的意志传递,也包括接收者在个体解码能力、价值观、兴趣爱好等因素的影响下进行的二次创造[①]。霍尔的理论为我们提供了一个重要启示:在解读一篇文化文本时,外行人往往无法固执地、盲目地去发掘其原意,而事实上,受众的领悟状态在很大程度上制约着"文化"文本意义的实现。

尽管霍尔并未对"文化"做出明确的定义,但他提出了"文化"的定义应遵循的基本原则,即要注意"意义"在不同情境下的相似性和差异性,要看施者和接受者或更多人能否实现"文化"的共同理解。基于对"共享"的渴望,为"文化"概念做出通俗化再界定,是本书的基本动意。

(二) 文化的特征

文化作为一种客观存在的社会现象,有着鲜明的特征,主要体现在以下几个方面。

1. 文化的全人类性

文化是伴随着人类而生的。因为人的本质是相同的,所以人的文化也是相通性的。人从动物的世界中分离出来,逐步形成了人特有的人性、人道和人情,从而形成了人与自然、人与他人、人与社会、人与自我的社会关系。这种关系构成了文化的生成与发展。认识和调节这一切的关系,就是人类认识和调节世界的过程。它是以人为主体,以自然、社会和他人为客体。人的认识、实践和文化创造三者之间存在着有机的联系。文化的起点在于对自然和社会的改造,进而对自己的改造。人类经历的道路大致相同;在相似的境遇中,人们的需求大体上是一样的。因为每个人的大脑都是一样的,所以心理学的规律也是一样的。并且,人类面临着同样的自然,因此,虽然不同国家的文化有着不同特点,但是,它们都有着共同的文化。所谓"知识无国界",便是如此。

[①] 吴孟秋. 大学英语教学中跨文化教育的实施策略研究 [J]. 海外英语,2013 (12):160-162.

2. 文化的阶级性

由于人始终是属于某一阶层的，因而人也就有了阶级性。它表现出来的社会等级关系，就是它表现出来的一种观念，即它表现出来的文化等级。文化的阶级性是马克思主义的一个重要观点。文化的阶级性也只存在于阶级社会中。

3. 文化的民族性

一定的民族、国家或地区的人们，以一定的自然环境为基础，创造出了各自不同的劳动方式、参与社会事务的方式，同时也创造出了独具特色的风俗、习惯、伦理、道德等精神文化。这些文化特质随着时间的推移，逐渐累积起来，最终形成了一定的文化体系，这就是文化的民族性。从横向上讲，文化的民族性体现了各种类型之间的相对性、差异性和特殊性，具有不可替代的独特性；从纵向上讲，民族文化具有一定的共性特征，它在历史演变过程中一直保持着自己的身份。文化的民族性只存在于文明社会中。文化是一个国家的灵魂，它是一个国家统一和民族团结的纽带。

4. 文化的时代性与发展性

文化是具有历史意义的，在各个时期，它都有着与其他时期不一样的社会历史条件，比如，特殊的物质生产方式、特殊的政治状态、人与自然之间的关系等。所以，每一个时期都有不同的文化，这就是文化的时代性。人类的社会实践是一个不断深入的过程，所以，人类的文化也是一个从简单到复杂，从低到高的历史发展，它是一个与时代同步的历史发展。

文化是人类对世界的认知和改造过程中产生的一种精神产物，它与经济、政治的关系日益密切。文化在促进经济增长、增强综合国力、参与国防竞争、培养民族精神、提升人的素质、推进社会的全面进步等方面，都有着基础性和战略性的作用。文化反映经济和政治，反过来又赋予经济和政治以相应的动力。文化发展建立在经济发展的基础上，经济发展产生了文化成果，文化发展支持了经济发展，并开拓了新的领域。文化和政治是互动的，是相互促进的，是政治的先导，是政治的后盾，是为经济服务的。文化要与经济、政治协调发展，如果没有文化，经济、政治的发展就会滞后。

文化是培养和继承民族精神、培育民族活力、激励创新、塑造民族凝聚力的重要载体。文化对人们的思想、道德、科学、文化等方面都有很大的帮助，它可以为人们的现代化建设提供强有力的精神力量和智力支撑。一个国家要想长盛不衰，国力强盛，就必须有文化的力量。

文化生产力是一种特殊的社会生产力。在文化产品生产中，存在着智力投入和物质投入，它们都具有社会生产力各要素的基本特点。文化产品的生产，它与其他产品的生产一起，构成了社会生产力的发展过程。文化产业是一个方兴未艾的新兴产业，其创造的价值在国内生产总值的组成中占的比例越来越大，在国民经济中的作用也越来越大。

目前，许多地方正致力于优化投资环境，提升区域整体竞争力。而相对于硬环境的构建，软环境的构建就成了一个关键性问题。构建一个廉洁高效的政务环境、民主公正的法治环境、公平诚信的市场环境、安全稳定的社会环境、舒适便利的生活环境、健康向上的人文环境、可持续发展的生态环境等，都离不开人的素质，这些都离不开文化的建设。

作为一个有机体的精神根基，文化既能稳定一个有机体，又能动摇一个有机体。就个体而言，每个人都是被文化塑造出来的，也许，他们也是文化的塑造者。我们只有对文化的含义和特点有了准确认识，才能准确地掌握社会的具体内涵，才能更好地认识到人类发展的脉动，从而更好地认识到我们目前所要做的一切。

二、交际

（一）交际的定义

"人活着是为了交际。"这样说似乎有些夸张，却是一个不争的事实。人一旦进入社会，就免不了要与人交际。在我们的生活中，交际起着非常重要的作用，我们无时无刻不在交际。交际是什么？

"交际"（communication）一词源于拉丁语，它的含义与"共同"有着紧密的联系。也就是说，"共同""共享"是交际的先决条件。只有同一种文化背景下的人，才能在许多方面达到共同点，从而达到有效交际的目的。由此可见，交际和文化之间的关系是密切的。交际是一种文化。文化是一种我们必须学会并分享的规范，而学会并分享它的过程就是交际。对于交际，每种文化的理解都不尽相同。不同的传播定义折射出不同的文化价值。文化中的人们将交际视为一种传递信息的过程，它具有一种工具性的作用，而这种作用又被人们视为一种有效的交际。东方文化却认为，在交际中，除了收发信息之外，最主要的目标是维持人际关系，因此，常常觉得维持人际关系比交际信息更重要。

丹斯主要从三个方面来讨论交流，即观察层次、意向性、规范性评价。观察层次，也就是抽象的水平，是指交流的高度抽象和概括。意向性是指交流有目的还是无目的。在现实生活中，人们对语言的传递与接受往往不能做到尽善尽美，有时一方主动地、有意识地传递某些信息，而另一方则对此视而不见、听不懂，从而造成语言交流的失败。也有可能是一方所做的一个行为，这个行为在本国的文化环境中是一种正面的态度，但是在对方的文化环境中，这个行为就有可能被解读为一种冒犯、侮辱，进而引起交际危机。规范性评价是一种判断交流是否成功的方法。交流的成败，可以用交流的结束来表达。有些人认为，判断一次交流能否成功的关键在于，接受者对信息的准确理解。但是，在实际的交流中，经常会出现一些误解和困惑，这些情况都是由没有能够对信息进行正确的理解造成的。所以，我们建议，只要存在着信息的传递，不管接受者是否理解，都是交流的完成。

斯蒂芬·李特约翰在《人类传播理论》中并未给交际进行明确的界定，但对交际中

"意识性"的作用做了详尽论述，并按"意识性"的程度将其划分为三个类型。第一个情景：未感知的、偶然感知的和被关注的。举个例子，当你在看一场足球赛时，如果你身后的那个人把他的大拇指伸到地上，说明他正在传达一个你没有感觉到的信息。第二个情景：在同样的情景中，你无意间发现坐在最后一排的一个人把他的大拇指放在地上，你明白了他的意思，也认同他的意思，但是你没有做任何反应。第三个情景：同样的情景，同样的行为，但是你并不认同它，这个情景让你感到厌恶，然后你和他争论。李特约翰根据信息传递的方式又把它们分为征候式行为、非言语行为和言语行为。

李特约翰的论述涉及交际的一个核心问题——交际的本质究竟是有意的，还是无意的。从符号学的观点出发，把信息发出者、信息和信息接收者三个因素和两个阶段联系起来。两个阶段是指对信息进行编码与解码。在理想化的情况下，人们会受到外部的刺激，并在大脑中展开某种认知活动，将信息编码起来，再通过语言或身体语言来实现信息的传播，而接受者在接收到这些信息之后，会积极地对这些信息进行解码，进而了解这些信息的意义。比如，两人交谈中的交际就是一个循环的话轮。

甲：今天有点儿冷。

乙：出门多穿点儿。

甲：穿得像头熊多难看哈。

乙：那你就美丽"冻"人吧。

在交际中，信息发出者与信息接收者构成了一个相互影响的循环往复的过程。谈话要继续下去，需要有一个条件，那就是可以对信息进行适当的编码和解码。然而，在实际的交际活动中，并非全部的交际活动都呈现出角色间的相互作用。例如，

甲：我的手划伤了。

乙在玩游戏，对甲所说的话无动于衷。

甲：我的手划伤了。

乙：别这么娇气。

在以上的交际过程中，存在着一种停顿，就是当甲向乙发送了一条消息之后，乙并没有做出反应，因此不能确定乙是否收到了该消息。在下面的谈话中，乙的回答显然不是甲期望的，但仍不失为一种成功的交际。

在生活中，特别是在欧美国家，人们看到有人打了个喷嚏，就会适时地说一声"××保佑你"。中国没有这个风俗，但如果有人打了个喷嚏，就会提醒他多穿点衣服。这也算是一种成功的交流。关键在于，如果一个人打喷嚏，身边的人都不会察觉，那算不算一次成功的交流呢？李特约翰认为，这是一种下意识的交流，也就是表达自己的观点和态度的一种方式，比如，天气越来越冷了，或者，他不喜欢抽烟。这也说明，交流的成败在于传播的对象，而非接受的对象。总之，交流的发生既有自己的需求，也有别人的介入。交流的实施，既要有对信息的编码与解码，又要体现出传递双方的相互关系。

比如，当传达的信息内容相同时，通过改变语调来表现出对话者间的关系。"麻烦您关一下窗户。""小张，关一下窗户！"第一个场景可以是两个陌生人的谈话，而第二个场景可以是上位者和下位者的谈话，也可以是长辈对晚辈的谈话。交际不仅是一种传递信息的活动，而且是一种非常复杂的活动，包括传递信息的方式，交际双方的关系，交际双方的性格，言语行为等。所以，交流就是一种人与人之间有意无意地交流信息的行为。例如，一句话，一个眼神，一言一行都可以传递某种信息，这种信息包括需求、愿望、感觉或态度等，被其他学者称为"关系"。交流的三个因素是：信息、信息发出者和信息接收者。在交流中，接收信息的人可以分为主动接受和被动接受两种情况。虽然交流可以突破时空的限制，例如，网络的普及使得信息的传递在时间上没有延迟，也打破了距离的限制。但是，成功的交流依然需要交流双方共同拥有一定的文化背景，不然就会导致交流的失败。总之，交流是一种与文化同样复杂的概念，人们对交流的理解一定会随着时间的流逝而不断加深。

（二）交际的特点

从不同的视角出发，人们的交流表现出各自的特征。以下只提出并阐述两个具有代表意义的观点。勒斯蒂格与凯斯特的研究表明，语言的交流有四大特征：符号性、解释性、交互性、情境性。符号性是指信息的传达方法，当信息被编码后，无论是语言还是非语言，它都是具有符号性的。相反，它并不是完全公开的信息，而是全部被一层象征的外衣所包裹。比如，春节将至，门楣上贴上的楹联或"福"字，就是传递美好祝福的象征。解释性是指信息必须被解读，而解读又是交流成功的一个必要条件。交互性是一种关于信息传递双方之间关系的总称，其中最具代表性的就是话轮的交换。情境性是指语言的交流不能是一个真空的环境，它需要具体的环境、具体的语境以及交流双方具备的一定的背景知识来支撑。在一个情况下是正确的，在另一个情况下就是错误的。举个例子，甲说："小明来了。"要想破译这个句子，有很多方面的原因，第一，甲要有一定的背景，也就是他知道小明。第二，如果甲还欠小明钱，甲这么说，除了字面上的意思之外，还有一层含义，那就是他不想见小明。不过，换个角度来看，假如甲在等待小明，那么，他这么说，就有一种隐约的快乐。因此，情景化是语言交流的一个重要特征。

相比于勒斯蒂格和凯斯特，王玉环、李金珊对交际特征的认识增加了事务性和动态性。其中，事务性是指交际的双方，除了通过信息的内容进行交流外，还通过语气、眼神、动作等，来传递一些信息。动态性说明了交流不是一个人的独白，它是交流双方之间的一种互动。

在考察了诸学者对交际特征的论述之后，本书认为交际具有如下三个特征。

一是符号性。一切交际活动都要借助符号的帮助。举个例子，以下的对白是以语言符号为基础的交流方式。

甲：小张这次不会来开会了。

乙：还有五分钟。

除语言外，手势、姿态、目光、声音、图案、旗语、信号等，都是符号的表现形式。因为符号有象征性，所以交流自身就能传达出与其承载的意义不同的信息。

二是交互性。在交际中，信息的传递是一种双向的回路，并且常常是由发话人和受话人共同构成的。在一方对信息进行了编码并传输之后，另一方就会做对应的回应和反馈，就像是在师生之间的交流中，教师的话语会在学生的大脑中引起他们的思维，而这些思维又会引发新的问题，进而将交流推向更深层次。

三是社会性。交流的社会性，也就是所谓的"情境性"，指的是一切交流都不能在真空中进行，而必须与时间、空间和时空中的一切存在联系起来。举个例子，《三国演义》里就有这样的一段。

曹操刺杀董卓失败，逃到父亲的好友吕伯奢家中。曹操听见有人说："缚而杀之，何如？"以为人家要杀他，于是先下手杀了吕伯奢一家，等到了后院发现捆着的是一头猪才知道杀错了人。

在这个故事中，如何理解"之"指代的对象，是故事发展的关键。因此，信息的准确解码需要语境的参与。

交际的社会属性与交流对象的身份也有一定的关系。以下的例子表明，交流的有效性与交流双方所受的教育有关。有个秀才要买柴，说："荷薪者过来。"卖柴的听不懂"荷薪者"，但听得懂"过来"，就挑着柴走到秀才面前。秀才问："其价几何？"卖柴的只听得懂"价"，就说了价钱。秀才又说："外实而内虚，烟多而焰少，请损之。"卖柴者不知道他在说什么，就挑起担子走了。

总之，语言的符号性、交互性、社会性是语言交际的基本特点，这三个特点缺一不可。符号作为信息的载体，其交互性确保了交际的连续性，而社会性又决定了对信息的解读。

（三）交际的方式

交际的方式与交际的模式是有区别的，交流的模式是指直接交流与间接交流，它们分别与低语境文化和高语境文化中的人的行为方式相对应。比如，美国人比较喜欢直接表达自己的想法，说话也比较简单直接。间接交流是指在交流中，人们的真实目的通常是隐性的，在高情境下，面子与和谐被认为是第一位的，因此，在评价和回答问题时，通常会使用"或许""可能"等含糊不清的词汇。

交际的方式就是人们在交际过程中采用的方法，从这一点上来说，交际的方式可以分为两类：一类是言语交际，另一类是非言语交际。以下章节将对此进行详细介绍。

关于这两种方式，我们只简要地说明他们如何影响交际。

言语交际可以划分为表意功能、语用功能、寒暄功能。

表意功能是指语言作为符号系统与现实世界之间具有能指和所指的关系，也就是它反映出客观世界中的某类现象或关系。例如，

甲：天气真冷。

乙：可不是吗，这才11月就这么冷。

【分析】上述对话是对现实现象的一种描述。交际也是围绕着天气这个话题展开的。

语用功能是指说话人在说话时具有特定的意图，并以言外之意的形式表达出来。例如，

甲：我的笔没墨了。

乙递了一支笔给甲。

【分析】在这个场景中，甲说了一句话，导致乙做出了某个动作行为，奥斯汀称其为"以言行事"。

寒暄功能是指人们在保持联系时，会使用一些寒暄语，其主要目的不是要传递信息，而是要创造一种气氛，让彼此之间的距离更近一些。例如，

甲：最近怎么样？

乙：还行。

【分析】在上面的谈话中，如果乙说"别说了，我真倒霉"，那就不是一种问候了，而是一种很明显的信号，因而是言语的表意功能。

非言语交际是指在特定的环境下，人与人之间通过动作、姿态、目光、语调等方式进行信息交流和交流。非言语交际是一种典型的民族特征。

从某种程度上说，非言语交际也是一种普遍性的交流。比如在足球比赛中，教练的动作都是统一的。另外，在文字出现以前，许多国家也曾采取过以实物记事的方式，只不过所用的物品不同而已。例如，在南非的苏鲁兰，就有一条项链的语言，是用各种颜色的玻璃珠、谷物、植物的叶子和茎叶，以某种顺序排列起来的，而这条项链的颜色，也是有意义的，白色是纯净的，红色是因为想念而流泪，浅蓝色是幸福的，黄色是美丽的，绿色是生病的，黑色是悲伤的，等等。

虽然语言是人类最基本的交流方式，但人类学家经过大量的实验研究表明，仅有35%的人是用语言来交流的，而65%的人是用非语言来交流的。在表达情绪和态度时，非言语交际更是占了97%。从这一点可以看出，非言语交际是一种无形的语言，它对人类交流起着不可忽视的作用。

（四）交际的构成要素

交际的过程包括信息源、编码、信息、渠道、干扰、信息接收者、解码、信息接收者的反应、反馈以及情境十个要素。

信息源：信息源是指具有交际需要和愿望的具体的人。

编码：编码是指将思想转换成代码的行为过程。

信息：信息是指交际的内容。

渠道：渠道是指信息传递的手段。

干扰：干扰是指任何会曲解信息源所要表达的信息的事情。

信息接收者：信息接收者是指注意到了信息的人。

解码：解码是指信息接收者在积极参与交际的过程当中，对接收到的符号信息赋予意义的过程。

信息接收者的反应：信息接收者的反应是指信息接收者在对信息解码之后做出的反应。

反馈：反馈是指信息接收者的反应被信息源了解的那一部分反应。

情境：情境是指交际发生的环境，并有助于解释交际内容的含义。

（五）交际的基本特点

（1）交际是一个动态的、不断变化的过程。交际不是一成不变的，而是一种持续变化的行为。在交际过程中，人们会持续地被彼此发出的信息所影响，并且，在交际的过程中，交际的各个构成要素之间会相互影响，因此，交际是在持续地变化着的。

（2）交流是一种不可逆的行为。当一个人说话时，他所说的东西就会被人听见，并被赋予含义。我们不能反悔。交流一经产生，便成为一种完成的行为，无法再收回，是一种不可逆的行为。

（3）交际具有符号性。在人类的交际活动中，符号是一种信息传递与共享的手段。在交际中，符号是人类思维的载体。标志可以是口头标志，也可以是非口头标志。它可以是表示意思的任何字、行为或对象。创造象征是一种特殊的能力。动物也有交际，但这种交际与人的交际不一样，并没有通过符号作为中介。符号的运用是一个很大的主观性问题，在不同的文化背景下，人们都会运用符号，但对符号的意义各不相同。符号和符号意义的联系是任意的。

（4）交际具有系统性。交际并非孤立地进行，它是一个巨大的体系。这一体系包含了交际发生的情景、地点、时间、参与交际的人员。

（5）交际是一种自省活动。人们不仅用符号来描述和思考发生在人们周围的事情，还用符号来反省自己的交际行为。这一特殊的才能使得人既是交际的参与者，又是旁观者。在交际活动中，人们对自己的交际活动进行观察、评价和调整。

（6）交际是一种互动的活动。交际的互动是指交际中各参与方共同参与，共同创造并维持意义的过程。人类在交际过程中，无时无刻不在传递和接受着各种信息。

（7）交际是在一定的背景下进行的。一切交际都是在特定环境中进行的。交际产生的环境可能是物质环境、社会环境以及人与人之间的关系环境。

三、文化与交际的关系

（一）文化影响交际

作为一种文化和社会行为，交际行为一定会出现在社会之中，并受到社会中文化的影响和限制，特别是世界观、价值观等文化核心要素的影响。就像在中国一样，关心他人的身体是一种文明和礼貌的标志。但是，对于西方人的健康问题，却不是中国人所能表达的。当中国学生知道他的美国老师生病时，他会担心地说："You should go to see a doctor!（你应该到医院看看）"然而，这个好心的建议却引起了老师的反感。对于老师来说，生病了就去看医生，根本不需要别人来教。在一些琐碎的事情上给予建议，这明显会使人对自己的能力产生怀疑，并会使人的自尊受到很大伤害。中西文化的差异导致了人们在交流中产生了这样的误解。

（二）交际影响文化

交际与文化是相互依赖、相互影响的。如果不与人交际，就不会有文化的交流。交际在一定程度上也会对文化产生影响，并使其变得更加丰富，从而为文化提供了生命力。近代以来，汉语中出现了"摩登""可乐"等形容词，而西方节日已经成了一种潮流，我们可以看出，西方文化对我们的渗透能力很强，交际影响着我们的文化。

（三）文化在跨文化交际中的地位

让我们先看这样一个例子：

A：What an unusual necklace! It is really beautiful.（多么不寻常的项链，真漂亮）

B：Oh. You may have it.（啊，你可以有）

A：No. No.（不，不）

这是一场老师与学生之间的对话，其中，A是一位西方人，又是一位教师，可以想见，A此刻肯定很不好意思，本来只是为了活跃一下气氛，结果被人误会了。B明显是中国人，受的文化影响让他很自然地认为，既然他的老师很喜欢这条项链，那就把它作为对他的尊重。如此一来，双方的处境都很尴尬。这就是文化冲突的经典事例。在交流过程中，双方不能适应相同的文化，造成交流的失败。

跨文化交际，是指处于不同文化中的人们进行交流的过程。所以，在跨文化交流中，其核心文化不仅包括了历史，也包括了现实、物质、制度和理念；既具有客观性的稳定性，也具有主观能动性；既包括某一组特征，也包括区域和组特征。

第二节 跨文化交际基本分析

一、跨文化交际与沟通能力

跨文化交际是不同文化的人们进行交际,交流思想、交流信息。跨文化交际的英语术语是"inter-cultural communication",早期又被称作"cross-cultural communication"。跨文化交际研究最早起源于美国,已经发展成为一门相对完善的学科,美国的跨文化交际研究已经走在了国际前列。美国是一个以移民为主的国家,在这个国家里,各种文化的人们在这个国家里相遇,难免会产生一些文化上的冲突。与此同时,各国的移民也在努力保持着各自的文化与传统,不愿改变,这就构成了美国现代社会中的"多文化模式",也就是所谓的"文化熔炉"。在此背景下,美国学术界及社会各界对跨文化传播策略与方法的研究给予了极大重视。

跨文化交际研究是近几年来发展起来的一门综合了人类学、语言学、心理学、交际学、社会学等多个学科,受到了世界各国的广泛关注。除了对跨文化交际与语言的关系进行研究之外,学者还对跨文化交际与沟通能力两者之间的关系进行了深入研究,试图将跨文化交际能力的培养与个人沟通能力相结合,提高学生在个人沟通能力建设中的语言文化意识(cultural awareness)或文化敏感性(cultural sensitivity)渗透,从而将个人沟通能力发展成一种真正意义上的跨文化交际能力(cultural-communicative competence)。在这个全球性的社会大变化的时代,来自不同文化的人都希望能够在文化上进行交流、融合和碰撞,只有通过这种方式,不同文化群体的人才能在日常交流中逐渐地了解和认可对方。

跨文化交际中的交流能力,指的是交际者在交流的过程中,通过表达、辩论、倾听和设计(形象设计、动作设计、环境设计),来完成自己的意识和观念的转化与传递,进而被其他文化者所接纳的能力。跨文化交际能力看似是一种外在的表现,其实是一种人的内在素质,是一种人的学识、能力和人格魅力的表现。跨文化交际的能力是指交际者在交流过程中具有的主客观条件。在跨文化交际过程中,一个具备良好沟通能力的人,能够将自己具备的专业知识和专业技能发挥出来,这也是决定交际能否成功的重要因素[①]。

综上所述,跨文化交际活动对具有不同文化背景的人们的交际能力进行了重点关注,这对双方都有好处,那就是利用清楚的思路,高效地收集到了大量信息,并做出了符合逻辑的分析和判断,这样才能让其他文化者更快地接受,最终实现一个高效的交际过程。没有明确的思路和精确的逻辑判断,即使是高超的言语技能,也无法达到沟通、说服和感染的目的。在跨文化交际中,交流的重点是"思想交际"和"语言交际"。如果仅仅注重语

---

① 张娣. 如何将跨文化交际能力培养融入大学英语课程教学实践[J]. 校园英语, 2023 (25): 136-138.

言的交际，那么谁都不能了解到对方内心深处的真正想法，也不能实时地掌握对方的思维方式和思维习惯，那么就不可能将跨文化交际从语言层面上升到思维层面，从而完成交际的整个过程。一个能够进行跨文化交际的人，可以很轻松地与他人建立和保持良好关系，也可以很好地进行人际交流。由此可见，跨文化交际者必须及时地了解交际对方的心理活动和思维取向，并以此为依据，调整自己的交际方式和连接。

跨文化交际在向另一方表达自己的心理意图时，要注重让别人完全了解自己，并辅以直观的语言、动作，让交际的信息既充足又不冗余，这样才能产生最好的信息交际效果，也是一种高效的交际方法。例如，聆听式沟通指的是人从一个专心听讲的人的角度出发，来捕捉说话人的信息，并对其进行信息加工。在倾听中，人们会产生交际意愿，从而完成交际过程。与此同时，要小心，不要卷入关于交际的争论。跨文化交际必须让其他文化背景的人接纳你的思想，这样才能让他们向你敞开心扉，在他们的心扉没有敞开之前，就不可能进行真正的交际。心理学家研究表明，一个人在与他人交往之后，给人的印象和感觉，只有20%与交谈的内容相关，也就是1/5的部分留在他人的记忆中。剩下的80%，或者说4/5，都是由他人对此人的整体感受和外部印象决定的。若是一个人强行辩解，就算他占着理，到头来也是一副盛气凌人的样子。与其得理不饶人，还不如用宽容的态度来对待别人、接受别人、设身处地地为别人着想，这样才能在交流中取得成功。

二、跨文化交际与人际关系

跨文化交际中的人际关系表现的是跨文化交际中人与人之间合理的分际和职分，《论语·颜渊篇》曰："齐景公问政于孔子。孔子对曰：'君君，臣臣；父父，子子。'"强调君臣父子各司其职，各行其道，各守分际，各尽职分。在这样的人际关系模式中，每一个组成分子都有自己的功能，他们都能根据自己的角色、职责、位置，拥有适合自己的思想、言语、行为模式及价值观，从而营造出一种良好的交际和谐氛围。

在跨文化交际中，人际交往也是一个非常重要的问题。在相互之间，情感的传递可以让人更亲近，更有吸引力，从而产生共鸣，哪怕是意见相互排斥，也可以得到情感上的认同。在跨文化人际关系中，彼此之间的相互重视与心理支持是最基本的，每个人都有一种互相关爱、被人尊重的需求，这就是跨文化交际的人际交往中的心理相容，也就是在不同的文化背景下，人们与他人之间建立起一种和谐的、相容的关系，特别是在人与人相处的时候，要做到包容、宽容及忍让。即使偶尔有不同意见，也会竭尽全力寻求共同的利益，营造一种谦虚、宽容的气氛，做到心胸开阔，宽以待人，不计前嫌，宽宏大量。信用也是跨文化交际的人际交往的基本准则，是指待人诚实、不欺骗、守信、以诚相待和不卑不亢，在自信中表现谦逊和不矫饰做作、故弄玄虚。一个人有了自信，就能很快得到他人的信任，也能很好地调动他人的热情。

三、跨文化交际的表现形态

在跨文化交际中，跨文化交流主要体现为跨文化的语言行为（verbal behavior）交际和非语言行为（nonverbal behavior）交际两种。爱德华·萨丕尔将非言语交际视为"一种无法用文字表达、无人知晓、却人人都能明白的严密编码"。这说明，非语言跨文化交际行为不需要用语言来表达，它是在无语言观照的情况下进行的交际行为，它是通过交际双方的感知来进行的，就像心有灵犀一点通一样。在非言语交流活动中，人们不再把注意力集中在语言自身的内在构造上，而是把注意力转移到语言赖以生存的社会环境上，转移到语言以外的外在体系上。

跨文化交际的语言行为和非语言行为是两大交际系统，它们之间也存在着相辅相成的关系。这两大交际系统相互补充，相互贯通，互相映衬，相得益彰，共同构成了一个较为完整和丰富的跨文化交际系统。在跨文化交际的过程中，交际者双方有时候会通过语言行为，有时候会通过非语言行为，来进行交流，并向对方展示自己的内心世界。更经常的情况是，两种跨文化交际手段交替运用，来传递各种有效信息，进而表达出丰富而细腻的思想感情。过去，人们在进行跨文化交流时，更多地关注了语言自身结构产生的跨文化交流作用，而忽视了对非言语行为的运用。

（一）语言行为交际

语言是一种艺术，而作为一种交际活动，它通过语言来达到交际的目的。语言行为交际的实质，就是交际主体在对自己的角色和语境进行定位与选择的基础上，去组织有效的话语，从而完成自己交际的全过程。例如，运用语言要素，如语音、语速等，以获得最佳的语言交流效果；要善于运用语调的抑扬顿挫和轻重缓急，以达到沟通双方思想和情感的目的。如果语言的表述过于生硬和单调，就很难引起听众的注意和兴趣。要想在跨文化交际中取得成功，就必须在语言艺术上有很强的造诣。由于语言交际本身就是一个"说"和"听"的相互影响的过程，一种语言交际的成功与否依赖于对另一种语言的理解。

语言行为交际是一种以言语行为为基础的、以言语为中心的、由言语行为决定的、由受话人对言语行为的选择、由受话人对言语的理解决定的一种言语行为。语言行为交际话语选择和理解是一个动态的过程，是人们对言语行为的一种反映，是人们内在思想的一种表现。在交流中，要讲究语言的简洁。美国语言学家齐夫曾说过："在谈话中，说话人用单字表述一种观念是最省力的，而听话人用单字来理解所有观念也是最省力的。"除此之外，在语言行为交际的过程中，还应该针对不同交际对象的特定特点展开交流，比如，在大学里面，我们都说普通话，因为我们身边的同学来自四面八方，他们都有自己的方言，如果大家都用方言交流，就不可避免地会产生误解，甚至是无法交流的问题。可是，一回到故乡，身边全是纯朴的乡亲，说起普通话，就会令谈话的两方都觉得别扭，还会让另一方感觉到你在卖弄你的地位、你的学问,这样谈话就没法进行下去了。

此外,在语言行为交际中,还应注重文化习惯的辅助作用。所谓文化风俗,就是在一定的社会群体中,经过几代人的传承而形成的一种生活风俗。文化习惯在言语交际中有很大的作用,譬如,一个人打喷嚏,若是小孩,中国人就会说"长命百岁";若是成年人,就会戏谑地说:"某人想起你了,某人提到你了。"英国人、美国人就会说:"愿神赐福。"又如,在"死亡"这个词中,有许多其他的表达方式,如"老了""圆寂""走了"等。由此可以看出,文化习惯在很大程度上限制了言语行为的传播。

(二)非言语行为交际

在人们对语言和人类社会关系进行实质性探讨的过程中,跨文化非语言行为交际得到了快速发展,从而产生了跨文化副语言学(cross-culture paralinguistics)、跨文化身势学(cross-culture kinesics)、跨文化近体学(cross-culture proxemics)等新兴学科。这说明,跨文化的非语言行为交际能够成为非语言信息情感交流的有效载体,让其在跨文化开放系统(如目光、手势等)的启发下,展现出跨文化交际的不同意义及感情色彩。

非言语行为是一种强调个体情感的表达与表现,其表现出的不同文化背景下所能传达的意义也不尽相同。举例来说,在汉语或英语文化国家,点头是表示同意或赞成的,但在印度或希腊国家,点头的含义却是相反的,表示不同意或不赞成。我们可以看到,在不同的文化背景下,民族与地域的特点,就像毕德维斯泰尔所说的那样,"我们不知道什么肢体行动或姿态是可以被普遍代表的,就是说,我们不可能找到一个面部表情、姿态或身体姿态,在各个社会都有相同的含义"。

非言语交流既关注语音、语法、词汇等语言结构,也关注社会文化、生活习俗等方面的知识。在跨文化交际中,非语言行为能力与语言行为能力之间有着非常明显的区别,在社会心理学中,非语言交际是指人们利用语言、文字以外的媒介来传递信息,来表达自己的思想或意图,比如脸部表情、肢体语言或音调等。交际者在无意识的状态下,将一个人的语言或文字,用其外在的特征来表达,使对方能够理解和领会,同时,还可以从对方的情感、态度、性格等方面,了解到对方的真实意图。非言语交流往往是人们在不自觉的情况下进行的,通过一个眼神,一个表情,一个手势,就可以达到交流的目的。很明显,"眼神""肢体动作"都是人们经常使用的一种非言语交流手段。在跨文化交际中,交际双方的眼神交流、注视或非注视都能将对方内心的想法和情感传达给对方。身体的运动还能传达不同的情感、个性特征,以及一个人的态度。性格内向者与性格外向者之间的身体姿态差别尤为显著,性格外向者移动得更快,说话的声调、语调也更高。

第三节 跨文化交际能力分析

一、交际能力与跨文化交际能力

交际能力是人类与他者交往和沟通的基本能力，它也是跨文化交际能力的基础和前提条件。而跨文化交际能力则要求交际者除了具备人类基本的交际能力之外，还应该拥有外语能力、跨文化敏觉力等。

（一）交际能力

"交际能力"一词由社会学发展而来，并在语言学中得到了扩展。"交际能力"一词是美国学者海姆斯首次在《交流能力》一书中提出来的。海姆斯在提出这个概念时，着重强调了语言的适当性，即在运用语言的时候，要更加注意特定的社会情境，比如，时间地点、交际对象、内容以及交谈方式等。他认为，交际能力应该包括四个方面：①语法上的正确性，也就是语言上的正确性；②可接受性，也就是人们对语言的接受程度；③语言的适用性，就是要在特定的场合、特定的目标下，运用恰当的语言进行交际；④语言的实践性，是指语言在一定程度上发挥了它的交流作用，并在一定程度上发挥了它的作用。自从"交际能力"这一概念被提出来之后，人们就对它有了自己的见解。美国有卡纳尔、斯温，欧洲有范艾克，最有代表性。在卡纳尔和斯温的理论中，交流能力是由四个部分组成的，分别是：语言能力、社会语言能力、语篇能力，以及交流策略。这一看法已得到了大部分业内人士的认同。范艾克相信，交际能力的内容应当更加广泛和全面。他认为外语交际能力应该包括：①语言能力；②社会语言能力；③篇章能力；④交际策略；⑤社会文化能力；⑥社会能力。范艾克在社交和文化两个方面都比卡纳尔与斯温有更多的区别。这两种能力，就是范艾克的交际能力最好的地方，就是揭示了交际能力的实质。巴克曼与帕尔默在心理学研究的基础上，提出了三种不同的交流能力，即语言能力、策略能力、心理活动。语言能力主要表现在两个方面：一是组织技能，二是语用技能。策略能力是指将所学的语言知识应用到实际生活中，并在此基础上建立起一座桥梁。语言交际的心理机制是语言交际能力产生的生理和心理基础，也是语言交际能力产生和发展的必要条件。在英语教学中，要根据学生的身心机能特点，培养他们的语言表达能力。很明显，巴克曼与帕尔默的这一理论，是对其先驱的一种新的尝试。陈国明把"交际能力"统称为"沟通能力"或"胜任度"，其基本含义是"有效性"和"适当性"，则构成了交际能力的主要内涵，"有效性"意指个人在互动过程中用以产生某种意欲结果的能力；"适当性"是一个广义的定义，它是一个参与者获得情景中的背景需要的能力。

（二）跨文化交际能力

跨文化交际是一种跨文化交流。而交际的有效性，则是由交际双方对跨文化的敏感性、交际技巧以及交际行为的灵活性决定的，也就是说，与交际者的跨文化交际能力有关。金曾经比较具体地定义了跨文化交际能力：跨文化交际能力是一个个体拥有的内在能力，它可以处理跨文化交际中的关键性问题，比如，文化差异、文化陌生感、本节化群体内部的态度，以及随之而来的心理压力等。它不是天生的，也不是一朝一夕就能培养出来的，而是需要一个长期的教育和学习过程。就像有些学者所说，在当今全球化来临的时代，在我们面临日益增加的多元文化交互的情况下，仔细研究跨文化交际的含义和内涵，就变得越来越重要。只有通过跨文化交际，我们才能更好地与世界各地的人交流。因此，如何有效地提高学生的跨文化交际水平具有重要意义和内涵。陈国明认为，"跨文化交际的能力，就是交际能力的扩展"。这两个概念在很大程度上是一致的，不同之处只是跨文化交际中的背景的重要性。在注重情景背景的同时，在注重人与人交往的正确性和有效性的同时，也十分注重人与交际环境的相互作用和两个人的文化身份。所以，可以对跨文化交际能力进行界定，将其定义为：在特定的情境下，交际者能够恰当地运用有效的交流行为，从而确认双方多元身份的能力。

二、跨文化交际能力的基本要素

跨文化交际是一门多学科交叉的新学科，具有很强的跨越性。在20世纪90年代，跨文化交际能力被认为是人才培养提出的一种能力范式，旨在培养跨文化交流人才。它强调交际者的跨文化敏觉力、跨文化意识和处理文化差异的技巧与灵活性。这三个方面并不是相互独立的，而是相互间存在着密切的关联和等级关系，其中，跨文化敏觉力是最底层，处理文化差异的技巧与灵活性处于最高层，跨文化意识则处于两者之间。换言之，只有在交际者对各种文化的差异有了敏觉力的认识之后，他们才会有一种包容的文化态度，并对自己的交流产生浓厚的兴趣，在不同的跨文化情境下，他们会主动地调整自己的行为，从而提高自己的跨文化意识，获得更高的跨文化交际效率。从这一点来看，我们可以发现，跨文化交际能力的培养是一个从低到高、逐步递进的过程。

（一）跨文化敏觉力

在跨文化交流中，跨文化敏觉是最重要的因素之一。已有学者提出，跨文化敏觉力是指个体在特定环境中或者在与异族人交往过程中，表现出来的情感或情绪变化。跨文化交流的情绪维度强调，跨文化交际者可以在交流前后产生并接受积极情感反应。这样积极的情绪回应，最后将双方带入一种对不同文化的认同和接受的状态。这也是培养跨文化敏感性的一个重要途径。贝内特相信，跨文化敏觉力是一个不断发展的过程，一个人可以在认知、情感和行为层面上将自己从我族中心的阶段转变到我族相对的阶段。

这种转变主要表现在六个方面：①对文化差异的否定；②抵抗来你感知到的危险，试图捍卫你内心的世界观；③将不同点隐藏在相似点之下，以此来维护自身的"世界观"；④对不同的文化和不同的行为方式有了初步的认识；⑤对不同文化的理解，逐渐形成两种或两种以上文化的人；⑥我们可以将我们的相对论应用于我们的身份，经验到我们的不同，这是我们生活中最重要和最快乐的一部分。

对文化差异的敏感性，既注重对文化表面的认识，也注重对文化深层的认识。文化表面上的差别是明显的，无须专门的研究就能辨认出来；而文化深层的差别则是隐藏在人们的思维和行动之中，很难被直接观测到。比如，西方人习惯的低情境交际，东方人使用的高情境交际，这些都是很难被直接观察到的，所以，自觉地培养出一种对文化深层次差异的敏感度就变得非常重要，而要做到这一点，就要建立在对两种文化进行对比的基础上，还要不断地积累与文化差异有关的知识和经验。

跨文化敏觉力是一个具有丰富内涵的能力概念，它包括了交际者的自信心、自适力、开明度、中立的态度和社交的从容等多个方面[①]。

对于一名面对全新异文化的交际者来说，首先要对自己的文化和自身修养拥有很强的自信，这种自信可以让交际者在面对各种交际情境的时候，采取一种乐观、积极的态度，从而更容易接受别人和他文化，也更容易被对方交际者理解和接受。而自信则可以使交际者在遭遇挫折、被误解或被排斥的情况下，更好地处理好自己的交流，从而更快地走出交际困境。

跨文化交际的开明度指的是，交际者要具备多元文化心态，对异质文化应该持一种包容、理解的态度，并尽可能地去接受它，而不是把自己的文化放在第一位，用自己的文化价值观来衡量、评价对方交际者的一言一行。而开明度则是指交际者在交流中对他人难以理解、难以被接受的言语或行动进行恰当的诠释，以及在交流中聆听他人的诠释。实际上，开放的跨文化交际就是阿德勒于1977年提出的"多元文化人"概念。具有多元文化的人，可以接受与自己不同的生活方式，在精神上和社会上，可以更好地控制物质的多样性。也就是说，一个拥有较高的跨文化敏感度的人，不但可以理解一种理念，而且可以用许多不同的方式来表达，而且对这个世界有一种内化而又宽广的认识。这就是一种敞开心扉的表现，这种心胸开阔会让你去认同，去感恩，甚至去接受那些与你不一样的看法。这种总是为他人着想，并接受他人需求的特点，在跨文化交际中，就是相互确认和对彼此文化认同的承认。

在跨文化交际过程中，交际者通过调整自身的适应环境，使自己能够在一定程度上实

---

① 许立捷，姚诗雨. 跨文化背景下工学专业大学英语教学方式探析[J]. 热固性树脂，2023，38（3）：84—85.

现有效的交流。根据研究发现，具有较高自我适应能力的交际者，对周围环境和对方交际者的行为更加敏感，他们可以快速地获取交流中的有用信息和及时发生的变化，从而及时地调整自己的行为，最大限度地完成交际任务，达到交际目的。

中立的态度主要指的是，当交际者在真诚地聆听对方交际者的话语时，他们可以主动地走出自己的文化带来的思维模式的定式，积极地聆听对方的语言和意识，并了解对方语言中的文化密码和交际意图。在进行对话的时候，要尽可能地使用描述性而不是评判性的、批判性的语言和态度，不要把自己的文化价值观作为评判他人的标准和基础，否则就会造成文化偏见，从而造成民族中心主义。在聆听的过程中，要尽可能地不去打扰对方，在需要的时候，要通过点头或者用眼神等肢体语言来向对话者表达自己的意思，最终让对方感受到一种心理上的愉悦和满足。

在进行跨文化交际时，人们表现出的不是一种紧张感，而是一种镇定。在进行跨文化交际的过程中，人们不可避免地会遭遇到各种交际困境以及交际压力。因此，交际者应该拥有一个良好的心理品质，不会惊慌失措，不会焦躁不安，可以将因交际困境而引起的各种焦虑症状排除出去，比如流汗、颤抖以及言语不畅等，可以用一种比较泰然的心态去面对各种交际难题。交际的轻松也有助于交际者利用自己过去的交际经验和生活经验，在遇到困难的时候，可以充分发挥自己的潜能，并能急中生智，克服交际障碍，最终达到交际共融。

具有较强跨文化敏觉力的人，在与来自不同文化背景的人进行交际的时候，可以更快地适应陌生的环境，拥有更多的自信心，更可以用一种客观的态度来看待文化冲突，并认真、专心地聆听交际对象的交际意图，这样就可以更快速地调整自己，去解决交际中遇到的挫折，更从容地应对跨文化交际过程中遇到的各种障碍，保证交际的顺利进行。

（二）跨文化认知能力

戴晓东在他的《跨文化交际理论》一书中将跨文化交际归结为一种认知过程，这就是所谓的"跨文化意识"。在此基础上，提出了一种新的跨文化交际能力概念。所谓"自我意识"，就是交际者对自身作为一种特殊文化的一员，也就是文化身份的一种认识，而"文化意识"就是对影响人们思维和交流的文化规则的认识。"跨文化意识"指的是对不同民族国家间的文化现象、文化规约和文化模式等的深刻认识，对文化间的关系有一种深刻认识，并在认识到对方文化特征的基础上，对自己的语言和思想进行相应的调整，从而形成一种跨文化自觉性。跨文化意识是一种语言交际能力，它是一种语言交际能力的深层反映，是一种语言交际能力的非言语表达。交际者的跨文化意识的产生，意味着他已经完成了从单一文化认同身份到多元文化认同身份的转变，他需要站在第三文化来审视这个世界上的各种文化，只有这样，他才能在不断变化的文化现象和不同的文化语境中，从容应对，从而立于不败之地。

在跨文化交际过程中，人们对其认识水平的高低有着深刻认识。换个说法，就是语言交际和非语言交际。这是由于，在跨文化交际过程中，使用的交际手段既有语言，也有非语言。语言交际是语言能力的一种表现，而非语言交际能力的高低，取决于交际者对双方的文化背景是否有深入的了解。在非语言交际过程中，无论是体态语、环境语、客体语还是副语言，都蕴含着丰富的文化信息，交际者必须拥有较好的跨文化背景知识，才能对这些非语言信息进行妥善的处理，进而实现有效的交际。除此之外，在言语交际中经常会出现一些盲区和误解，而这些都是由不同的文化背景和文化内部系统的差异而造成的，而非语言交际正好弥补了语言交际的这种局限性和缺陷，二者相互配合，让跨文化交际能够顺利地进行下去，最终达到双方所需的交际效能。

（三）跨文化行为能力

跨文化交际能力的第三个基本要素是跨文化行为能力，也就是"灵巧性"，它强调的是交际者所应具备的技能与能力。戴晓东认为，跨文化交际中的"灵巧性"就是交际双方实施交际行为并达到交际目的的一种能力。在跨文化交际中，语言与非语言两个层面上，既有信息传递，也有自我表露，更有行为灵巧性、互动管理、社会技能。交流灵巧性是一种交流能力的表现，是交际者如何利用自己掌握的语言知识来实现交流的一种表现。在跨文化交际过程中，交际者若能灵活、高效地使用交流技能，就能突破语言、文化等方面的局限，达成交流目标。

信息传播的技巧，就是交际者在自己掌握的语言和文化知识的基础上，利用适当的交际策略和技巧，来巧妙地将交际对象所能理解的信息传递出去的能力。它对交际者提出了更高的要求，不仅要具备娴熟的语言功底，也要具备深厚的双文化底蕴，还要在以往的交际经验中，练就良好的信息传达技巧。只有这样，才能尽量避免产生由信息误读和文化误解而造成的交际障碍，确保交际的顺利进行。个体的自我表达能力与个体的信息传递能力密切相关。所谓"自我表露"，是指交际者以适当的形式，向其展示自己的真实意图和自我形态。这种表露是在特定的跨文化交际场合中进行的，它有着很强的导向作用，而不是在一般的朋友或者亲戚之间进行的那种随心所欲的表露。所以，要进行谨慎的表露，要恰当地表示，表露的方式要显得贴切自然，不能过于做作，要将对方的文化背景和语言水平考虑进去，不然的话，很有可能会导致对方交际者的忽视或者厌恶，甚至会产生对交际者不利的刻板印象。在语言交际中，个体的自我表露、信息传递是否正确，又会对语言交际是否有效产生影响。适当的自我表达，准确而适当的信息传递，都是交际双方在交际中灵活运用的表现。

交际行为的灵活性反映了交际者在不同的交际环境下，因应交际对象、时间的变化，灵活地处理交际事件的能力，它反映出交际者对交际策略的精准、快速的选择，并反映出交际者的敏觉力在行动中的反映与延伸。有学者指出，高超的交际者可以利用灵活的言语暗示，准确地把握到对方的身份，并在适当的时候进行调整，从而更快地与对话者建立起良好的互动关系。

互动的管理指的是交际者在交际中对交互局势的掌控和控制，也就是在交际过程中，交际者对交际节奏、说话顺序和谈话话题进行恰当的控制，并在恰当的时机开始和结束对话。拥有良好的交互管理能力的交际者，可以将交际场景中的每个交际对象都充分地调动起来，掌握好会话结构，根据自己和其他交际者的交际需求，粗略地设计并转换会话主题，不轻易打断他人，并认真地倾听他人，最终实现交际者的交际意图，达到交际目的。

社交技能包括两个层次，即移情和身份的维护。"移情"这观念最早于1873年由德国学者罗伯特·费肖尔在其著作《视觉形象感》一书中被提出。语言学家库诺首先将"移情"从美学的角度引到了语言学的角度，并将其引到了跨文化交际的研究中。跨文化交际中的移情，就是交际者在交流过程中，主动地改变自己的文化地位，主动地超越自己国家的文化常规和思维方式，跳出自己的文化桎梏，将自己的地位转移到另一种文化中去，从而对另一种文化有更深层次的体会和理解。移情作为一种联系文化与情绪的纽带，是实现跨文化交际的一种重要手段。按照陈国明的说法，"移情"指的是将自己代入与另一个人交流的环境，让自己临时去思考另一个人的想法，感受另一个人的感受。移情在跨文化交流中有两种形式：一是从发话者的视角去理解对方表达的交际意图；二是要站在彼此的立场上，尊重彼此的文化背景、习俗和价值观。这一过程由"认同差异—认知自己—调整自己—准备移情—接受他人"这一过程构成，从而克服"民族中心主义"，提高"他人需要"和"跨文化敏觉力"。而文化移情则需要交际双方都能适应时代发展的需要，并且要有开放的文化价值观念。文化移情能力是指交际者是否能够跳出由其文化积累而产生的思维定式，在文化取向、价值观念、宗教信仰、伦理规范、思维方式和生活方式上的不同而产生的文化冲突，以确保跨文化交际的顺利进行。在跨文化交际中，移情可以帮助人们更好地进行交际，但是，在此过程中，我们不应该忽略对个体身份的保护。认同的维护既要注意自身的个性与国家的认同，也要注意在交流中他人的认同。要使交际活动具有弹性，就离不开对"身份"的维护。所以，在交际过程中，出色的跨文化交际者不仅可以通过对方传递的信息，迅速而有效地判断出对方的身份，并对其进行有效的维护，还可以对自己在交际场合中的身份及其代表的民族身份进行准确定位，并将其维持为交际的原则。

三、跨文化交际能力培养的途径

根据我们前面对跨文化交际能力基本要素的区别和分析，可以看出跨文化交际能力的培养分为三个层面。第一个层面是指在对其他国家的语言与文化进行交流和理解的同时，不断强化交际者的语言功夫，以丰富他们的文化底蕴，并克服这两个方面的困难，从而培养他们的文化敏感，从而提升他们的跨文化沟通能力。第二个层面是加强对语言与文化的深入认识，加强对其他国家语言及其背后隐藏的文化与价值的了解，这将帮助交际者根据不同文化的不同特点，采取不同的策略来进行交流。第三个层面是为了使交际者在跨文化交际过程中，能够根据自己学到的语言、文化知识，来应对不同的交叉场景，以及发生在跨文化交际过程中的各种意外情况，这是其最高层次，也是其终极目的。要实现这个目的，就需要培养交际者运用所学知识的能力，让他们在以往学到的有关异域文化的知识基础上，主动地进行跨文化交际，让他们能够灵活地应对文化冲突。由此可以看出，从对跨文化敏觉力的培养，到对语言和文化的深层认知，再到对跨文化交际实践行为的训练，这三个层次之间存在着一定的递进关系，它们之间也存在着相互融合、相辅相成的关系。

（一）培养跨文化敏觉力

要想提高交际者的跨文化敏觉力，必须克服两个巨大的障碍。由于在进行跨文化交际时，往往会出现某些交际障碍。其中一个主要的障碍就是刻板印象。这种感觉或看法可能是积极或消极的。虽然每个人都知道成见是不好的，但要彻底避免成见还是很难的。刻板印象忽略了个人的差异，并且一旦形成就很难改变。这一现象使交际者的思维变得僵化，无法以一种客观的态度看待另一种文化，从而丧失了与他国文化的沟通能力。当我们看到另一个国家的文化时，我们往往会把注意力集中在那些与我们的固有观念一致的事物上，而忽视了那些与我们的观念不同的、更有意义的东西。这一现象给人们的交流带来了很大障碍。所以，我们要努力克服成见造成的消极影响。对于教师而言，在文化课中，要避免使用陈词滥调，要提醒学生在共同文化理念下的个体差异。这是因为，在进行跨文化交际时，交际者首先要面对的是交际对象，其次才是交际对象所处的国家文化。不要让人们对国家整体的成见，而影响到人们对特定的交流目标的判断与决定。第二个障碍就是"民族中心主义"，也就是人们习惯于用本民族的价值去衡量另一种文化，用自己的文化视角去判断另一种文化。当人们发现自己期望的和他们期望的不一样时，他们之间就会有一种敌意，从而引发文化冲突。有些学者提出，"民族中心主义"指的是用自己种族的文化理念和标准，对其他种族的文化进行认识和衡量，其中包括了人们的行为方式、交际方式、社会习俗、管理方式，以及价值观等。社会上的每一个人都不能避免民族中心主义，虽然我们竭力想要克服潜藏在我们心底的民族中心主义，但我们都是在特定的文化背景下长大的，这些文化已经融入了我们的内心，并引导着我们的行为，这就导致了人们在观察其他文化的时候，会不自觉地根据自己的对与错来进行评判，从而对不同的文化事物做不符合客观规律的判断。

在课堂上，文化对比是一种克服陈旧观念和民族中心主义的有效方法。在进行文化比较教学时，需要交际者从自己的文化中挣脱出来，避免简单的、固定的思维方式，把自己放在其他的文化中，站在一个合理的、平等的位置上去感受、去体会、去理解对方的文化。当然，这种比较教学方法的第一步，就是要让教师了解其他国家的文化，并选择一些具有代表性的文本，对这些文本中的文化要素进行说明，让学生能够更好地了解文本中的语言信息，以及渗透在文本中的非语言信息，并与自己国家文化中对应的文化要素进行比较，从而让学生在阅读的过程中，自觉地去发现不同国家之间的文化差异。

交际参与度是跨文化敏感度的最好指示变量，也就是说，要想利用跨文化敏感度来提高跨文化交际能力，最有效的方法就是增强交际参与度，进而影响跨文化交际能力。所以，除了在课堂上采用比较教学方法之外，教师还应鼓励学生参加一些特定的跨文化交际活动，并尽可能地为他们提供一些机会，这样才能帮助他们克服固有的成见和民族自尊心。由于在具体的培训和实践过程中，他们可以深刻地体会到文化的多样性以及同一种文化下的个体之间的差异，并逐步形成了多元文化观和开明的交际态度，从而尽可能地积极地克服由刻板印象和民族中心主义造成的交际障碍，使他们具备了良好的跨文化敏觉力。例如，我们可以设计出许多与中国人在思维、性格上有很大差异的文化模型，让不同的人来表演，让他们来跟中国人交际。在此过程中，学员将认识到本民族文化的某些特征以及其他民族文化的某些特征，进而增强其文化敏感度。如果条件许可，可以作为一种比较直接有效的方法，来指导学生，或者鼓励他们多参加一些小型的国际会议、国际论坛以及跨文化聚会。

总之，不管是为了克服刻板印象和民族中心主义带来的两大交际障碍，还是为了培养交际者对语言背后文化的解读和参悟，从而形成较强的跨文化交际敏感性，在课堂上，教师都要有意识地开展文化对比教学，以及其他形式的文化拓展讲解法，更要尽可能地给学生创造进行跨文化交际训练和实践的机会，这样才能让他们建立起良好的自信心，在具体的交际情境中调整自己，从容地应对交际中发生的各种复杂情况，最终达到交际目的。

（二）培养跨文化认知能力

跨文化认知指的是交际双方对不同国家的文化元素以及不同国家的文化特点的认识和理解，其实质就是对不同国家的文化进行学习和掌握。随着年龄的增加，人们的文化认知过程也在发生着变化。培养跨文化认知能力不但包括培养交际者跨语言交际能力，还包括培养交际者的跨文化交际能力。语言交际和文化交际密不可分，作为文化交际的一个组成部分，语言交际服务于文化交际，并在文化交际中体现出来。不同语言的功夫与不同文化的功夫是互补的。跨语言功夫不仅涉及了对目的国语言的巧妙选择，还涉及了对一种语言背后的文化进行解释和理解，也就是说，在语言教学过程中，要将文化分析融入其中，让学生逐步洞悉另一种语言背后与自己语言迥异的文化密码，这样才能更好地选择交际语言，促进交际的顺利进行。要想培养跨文化的认知能力，就必须强化交际者的语言功夫，在教学过程中，要做到语言教学与文化教学同步进行，在进行语言基础知识的输入时，不能忽略与之相关的文化知识的输入，这样就可以让学生更加熟悉、了解和判断不同的文化，进而让他们对不同的文化差异有更多的敏感性和更好的跨文化意识。语言功夫表现在恰当的措辞、恰当的句式表达和恰当的主题上。

因此，在进行跨文化交际语言能力培养时，我们必须把重点放在词汇方面。词汇作为一门语言的基础，对许多学习者来说，却是一个难题。每一种语言的词汇都包含了大量的文化信息，它们既是一种语言最活跃的要素，又是一种文化最精细的汇聚之地。词汇自身的新陈代谢反映出相应的文化对其发展的影响。所以，在进行词汇教学的过程中，教师可以在教学中穿插一些跨文化交际的知识，这样不仅可以提高学生的跨文化交际意识，还可以让原本枯燥的词汇学习变得更加生动和有趣。在教学过程中，运用成语、典故、名句等与教学内容相结合，是提高学生英语学习效果的一条有效途径。例如，在汉语进阶课程中，如果涉及"朋友"这个话题，就可以介绍一些中国成语，如"有福同享，有难同当""患难见真情"以及"在家靠父母，出门靠朋友"等，再结合《三国演义》中的桃园三结义。这些谚语、名句、古典文学都是中国"义"文化的体现，不仅能使学生对汉语产生浓厚的兴趣，而且能使他们扩展词汇背后的文化知识，促使他们反思自己民族文化中"朋友"的意义，以及与汉语的不同之处，从而使他们更好地理解自己民族的语言，更好地培养他们的跨文化交际能力。

除了词汇教学之外，对于句子陈述的跨文化培养也是非常重要的，教师在课堂上讲解句子的时候，不仅要说明这种句子的语体风格适合在什么场合下使用，还要分析这种句子适合用在什么身份的交际对象上。同时，句子的语气也非常重要，例如，请求语气的句子适用于跟长辈说话，或者向他人寻求帮助，而命令语气的句子适用于对自己的部下或者小孩，如果不能把握好这两种句子之间的差别，而将语气用反了，那么在跨文化交际过程中，就会产生一些不必要的文化冲突。

此外，对于句子是否通顺，语法是否正确，这些都是要在课堂上加以重视和培养的。了解其他国家的文化和语法。在学习英语的时候，要注意对比汉语和外国的不同之处，不能被汉语的思维方式所束缚，要突出英语的文化和交际作用。如"Lovely day, isn't it?"只是英美人发起话题的常见语句，实无疑问。"Would you please turn off the light?"不表问而是表请求。西方人在要求别人帮忙时，通常使用疑问句，这是一种客气的表达方式，但在长辈与晚辈或相识的人之间，则使用祈使句。在交谈过程中，话题的选取是否恰当也不能被忽略，它是一种语言运用能力的全面测试。在掌握了词汇层面、句子陈述等基本的跨文化交际技能之后，在交际过程中，选择合适的话题，能否满足交际双方的共同的交际需要，能否与交际双方产生共鸣，是要将话题进行得更深，还是要将话题转移到更有意义的话题上，这些都要不断地学习。应该在教学过程中，通过设置具体的教学情景，播放相关的教学视频，教师适时地训练、引导和鼓励学生在跨文化对话中，适当地选择谈话主题，并适时地进行转换。

英语教学应注重学生的跨语言认知能力和跨文化认知意识的培养。要想培养跨文化意识，首先，要使交际双方在思想上摆脱对彼此的偏见与歧视，意识到不同的文化并无高下之分，并以一视同仁的态度来看待不同的文化与不同的人。其次，要提高学生的跨文化素养，拓宽学生的视野，建立学生的多元文化心理，并对其持一种宽容的态度。从以下方面对学生进行跨文化交际能力的培养。①在语言学习的听说读写各种技能训练中。首先，我们要从国外的材料中去感受国外的文化，在阅读的过程中，我们可以了解到其他国家的科技、地理、历史、风俗，以及他们的语言，这样就可以克服我们对他们文化的缺乏造成的误解。其次，通过外语听力来理解不同国家的文化。因此，在英语教学中，英语听力教学就是一种跨文化交际能力的培养。在交流过程中，要使学生明白什么是应当回避的话题，例如，年龄、婚姻状况、收入、家庭地址等。再次，在倾听的基础上，要多说多做，使自己能够更好地进行跨文化交际，从而更好地运用语言进行交流。最后，在写作中促进对外语文化的内化与应用。在写作的过程中，要对中国和外国的文化之间的不同有充分认识，使人们能够阅读到流利、地道、连贯的英语文章，从而在基本上提高人们的跨文化交际能力。②通过语言活动，感受异域文化，积极地与世界各地的人交友。如成立外语角，学习唱外语歌，观看影视资料，表演外语戏剧等。通过这个活动，同学们可以亲身感受到异域文化，并对异域风情及民族禁忌有更深的认识。与此同时，教师应该帮助学生分析自己的文化中，哪些是对自己有利的，哪些是对自己不利的。之后，教师还要对目的语言文化进行分析，分析我们民族在这些文化中，有哪些是我们更容易适应的，哪些是我们不能适应的，但又会造成文化冲突的，因此，教师应该有意识地对自己的行为方式进行调整，这样才能更好地实现跨文化交际目标。③在各类旅游活动中，积极创造跨文化交流的机遇。简言之，当我们对不同国家的文化有更多的认识和经验时，我们就会更倾向于以一种包容的心态去看待不同国家的文化；当我们能够设身处地地为他人着想时，我们就已经具备了较强的跨文化意识。

（三）培养跨文化行为能力

实际上，不管是对跨文化敏锐力的培养，还是对跨文化认知能力的培养，其终极目的就是要让交际者可以在跨文化交际中进行灵活的交际，也就是说，就是跨文化行为的灵活性，这三个方面并不是完全分离的，而是相互依赖的。在培养跨文化敏觉力的过程中，既包括了跨文化认知能力，又包括了跨文化行为能力。在培养跨文化认知能力的过程中，跨文化行为能力也被纳入其中。因此，跨文化行为能力的培养一定要建立在对跨文化敏觉力和认知能力的培养之上，而且它还是对这两种能力的一种整合和融合。

跨文化行为能力即跨文化行为的灵活性，是跨文化交际能力的核心要素。其中，最重要的一点是，交际者可以根据他们的文化背景和性格特征，对自己的交际策略和行为进行灵活的调整，尽可能地向对方的交际规则靠拢（在不违背自己的交际原则的前提下），缩小两者之间的距离，创造一种和谐的交际气氛。与此同时，还要灵活地应对由于文化差异而产生的文化冲突，在应对冲突的时候，交际者要善于使用适当的语言，澄清自己的文化困惑，介绍本国的文化行为准则，明确对方的文化风俗，找到解决冲突的方法，达到一致，从而顺利地完成交际任务。美国学者陈国明的《跨文化交际学》一书认为，跨文化交际能力主要由五个要素组成：信息传达技巧、自我表露技巧、行为的灵活性、互动管理以及认同维护技巧。在掌握了这五大要素后，教师分阶段、分层次地进行教学，是提高学生跨文化交际能力的最佳方法。

1. 跨文化交际角色扮演

首先，在现有条件的限制下，教师采用了一种跨文化虚拟实践，角色扮演可以分成两人组角色扮演及多人组角色扮演。两人组角色扮演需要两个人分别扮演两个不同文化国家的交际者，这两个人都具有一定职业身份（或者学生身份），他们要模拟一个真实的生活或工作场景，为交际流程的主线设置基本的设定，给他们留下适度的自由发挥的空间，并且要完成一定的交际任务。多人合作不仅使交际者数量增多，而且使两个国家或多个国家间进行跨文化交流。多个文化国家的交往背景比较复杂，所以多人组角色扮演应在两人组角色扮演训练到一定程度后进行，可以逐步地提高学生的跨文化行为能力。角色扮演旨在让学生通过仿真，解决跨文化交际中可能遇到的问题和障碍，通过信息传递、自我表露、互动管理以及移情等行为的训练，提高跨文化交际行为的技巧，增强跨文化行为的能力。这种教学模式的特点是将学生由"观众"转变为"参与者"，让他们在一个虚拟的跨文化情境中，切身体会到不同的文化交际。

2. 跨文化交际互动实践

对中国留学生和受训学员进行真实的跨文化交际，安排特定的交际任务，按照交际任务的要求，为他们安排交际场地，提示中国留学生如何培养跨文化交际的五种技能，教师通过接触、相识、交流等过程，观察他们在交流中出现的困惑、问题、冲突，以及解决问题时的焦虑或灵活的表现。与此同时，还可以在学生不知道的情况下，将他们的交际行为拍摄下来，并在课堂上进行回放。一些交际失误，学生会在观看过程中察觉到，还有一些则是需要教师指出来之后，再给学生解释清楚。通过这种方式，每个学期都要组织几次交际实习，每一次都要针对不同的重点交际问题，展开现场交际，这样，学生的实际交际行为能力就会大大提高，交际行为也会变得更加灵活，交际效率也会更高。在交互时，尽可能多地运用描述性的、支持性的信息。描述性的信息是指采用不武断的态度，给对方一个明确的、具体的反馈。支持性的信息是指在交流的时候，对对方的观点表示赞同或支持，并用点头、注视等动作技巧来奖励对方的论点。互动实践的优点是来自异国的交际者比本国角色扮演者能够带来更真实完整的异国文化讯息和行为形态。

中国与世界之间的跨文化交际越来越频繁，因此，在与本国留学生展开一些跨文化交往的过程中，教师和学校都应该更多地鼓励学生参与一些国际性的会议或者是跨国的活动，尽量向学生提供一些有关的信息和机会，这样可以使学生更多地参与跨文化交际，从而使他们能够在实际工作中感受到并认识到不同文化之间的差异，更好地提高他们自己在处理不同文化之间的灵活性。在此基础上，新的教学策略，旨在促进英语教学的改革与发展。

跨文化交际能力的形成具有一定的阶段性和层次性，所以对其进行培训并非一蹴而就，它是一个由表到里、由浅到深、不断发展和深化的过程。在教学过程中，教师应根据学生的实际情况，制定相应的教学策略。

第四节　跨文化交际学

世界上的每个文化都有自己独有的特征，没有一个文化可以取代另一个文化自身的作用。如今，在当今人类跨文化交际越来越频繁的情况下，要想在具有不同文化背景的人与人之间、群体间、国家间的交流中，避免产生误解，实现高效的交际，在人与人之间建立起一种良好的联系，在群体间加强相互间的理解与合作，在国家与国家之间促进相互间的友好共处，人们就必须对跨文化的相关知识有更多了解，从而提升跨文化交际的能力。因此，如何设计一种能够让不同国家的成员在不同文化背景下，能够更好地进行跨文化交际，同时又能够更好地维护自己文化的独立性，成了跨文化研究的一个重要议题。

一、跨文化交际学的研究范畴

概括地说，对跨文化交际中存在的各种冲突和问题进行深入探讨，从而使人们能够更好地进行跨文化交际。首先，我们可以从其所处的区域和所处的时间与空间上对其进行考察。

跨文化交际是一门涉及交际的学科。根据交际方式的不同，跨文化交际可以划分为言语交际和非言语交际两类。从人类活动的角度来看，可以对各种文化中家人的关系、师生关系、朋友之间、陌生人之间的交往方式等进行专门的研究。从人类交往的语用规律出发，可以对各种文化在称谓、问候、感谢和请求等方面的差别进行具体的对比。

从时间上讲，它的研究重点应该放在现代交际上。因此，在现代社会中，人们更多地关注和研究如何进行跨文化交际。

在研究空间上，它主要关注的是不同国家的文化和不同的交际习惯。

人们对跨文化交际的认识可以用 what、why、how 来概括。

"what"指的是不同文化中人们在交际中表现出的差异。

"why"的意思是，为什么会有不同。

"how"就是在不同情况下，我们应该怎样进行信息交际，才能更好地进行跨文化交际。

尽管跨文化交际学的研究主要集中在不同群体间的文化差异上，但也不能忽视对人类文化共同特征的研究。

二、跨文化交际学的发展及相关学科

（一）跨文化交际学的发展

跨文化交际学是以跨文化交际活动为主要对象的一门学科，其理论体系完备，内涵丰富。跨文化交际学虽然产生不久，但是其跨文化交际活动历史悠久，其研究成果可以上溯至人类文明的初始阶段，并在一定程度上反映了人与人之间的交际。玄奘西游是中、印两国第一次文化交际的开始，也是中国与印度两国文化、思想交流的开始。郑和航海时，开辟了"海上丝绸之路"，从此与东南亚、北非等国建立起友好关系，并在此基础上形成了一条新的"海路"①。

跨文化交际研究首先产生于美国。美国是个移民的国度，不同的文化、习俗等都有不同的特点，因此，人们在交际的时候，不可避免地会产生一些矛盾。美国对外交往的频繁，留学生和游客的络绎不绝，使得美国的文化呈现出一种多种文化的混杂，因此，怎样才能让来自不同国家的人更好地进行交际，就成了美国的"跨文化交际家"关注的课题。美国人类学家爱德华·霍尔于1959年在其经典之作《无声的语言》中首次提出了"跨文化交际"一词，并被公认为是"跨文化交际研究"的开山鼻祖。罗伯特·奥利在1962年发表了《文化与交际》，A. 史密斯于1966年发表《交际与文化》一书，帕里于1967年出版的《人类交际心理》一书。美国部分高校还积极开展跨文化交际专业的教学活动。在1970年，国际交际协会宣告美国的跨文化交际研究开始出现。跨文化交际学作为传播学的一个分支，使得许多大学的传播学系、教育系相继开设跨文化交际学方面的课程。目前，美国超过130所高校已开设了该专业，并取得了一定的成绩。跨文化交际涉及的学科很多，如社会学、心理学、人类学、管理学、民族学、大众传媒学、美学、宗教等。

（二）跨文化交际与人类学

在"跨文化交际学"被提出以前，人们对"跨文化交际"问题的研究，其实早在人类学、社会学、心理学等领域就已有所涉及。特别是，人类学学者对跨文化交际现象中人的参与进行了关注，这充分显示了人类学在跨文化交际中起到的作用。伴随着人类的诞生、进化和当代人类族群在思想与行为上表现出的交流欲望，人类把重点放在了对世界上各个民族的不同风俗习惯、不同思想行为和不同生活方式的理解上。而要达到这一目标，就必

---

① 张琨，汲安庆. 论大学英语教学中如何培养学生的"跨文化"交流能力 [J]. 海外英语, 2023 (9): 171—173.

须借助跨文化交际的工具，因此，跨文化交际学就必须与人类学相结合。与此同时，要想培养跨国、跨民族、跨种族的文化交际能力，就必须借助人的智力和参与，尤其是在跨阶层、跨职业、跨性别、跨年龄的人类文化交际中，更需要借助个人的职业生涯、事业的发展、组织协调能力、沟通管理能力以及社交能力等，才能实现整个交际过程。

另外，跨文化交际学和人类学之间的紧密联系，也体现在对性别和个体特征的重视上。由于跨文化交际是不同国家、种族、民族的人们之间的接触与交流。此外，每一个人都隶属于几个群体，他们的价值观也不相同，个体之间的差异会导致地区、职业、年龄和性别等方面的不同，这对促进跨文化交际的深入进行有帮助。但是，如果过于强调个人之间的差异，让跨文化交际变得非常消极。比如，人们见到很小的孩子，就会用手去轻轻拍他，而触摸他则是一种爱抚。从中国人的角度来看，这是一种很接近、很爱孩子的表现，也是一种很喜欢孩子的表现。但西方人则不然，对此，他们会觉得很尴尬，在他们的认知里，这是一种人类的粗鲁，会引起他们的强烈反感。中国人更倾向于摇头或者挥舞手臂，而西方人更倾向于耸肩膀。

（三）跨文化交际与心理学

在进行跨文化交际时，由于中西方存在着不同的心理距离，必须掌握好"人际关系"这一概念。中国人的心理距离是建立在"仁"和"礼"的基础上的，也就是说，只有当沟通双方都达到了一定的程度时，沟通才能顺利进行，沟通才能达到一定的程度。中国人的人际交往以"仁者，人也""己人兼顾"为基本原则。在西方人的心理关系中，"以自我为中心"。因此，跨文化交际中存在着大量的心理因素，尤其是人们的心理联系，也就是心理距离。从社会心理学的视角来看，在"近距离"的家族血亲关系基础上，又存在着"远距离"的尊卑关系，这种关系体现出人们在交流过程中特有的心理认知、思维、态度、策略等方面的特点。

从心理学上讲，跨文化交际主要有以下几种方式。①交际沟通方式。它强调"交际性"，也就是在交流中注重心理交流和情感交流，以实现语言交流。②情景对话型交际教学方法。它强调情境、环境的交际功能，强调交际双方所处的情境，即使它是一种模仿现实生活的情境。这样就能使交际双方都能接受，接受和构建新的习性，就像是在自己的环境中一样。③采用参与性和合作性的交际方法。该方法注重情景背景，强调交际者在交往中的"协作性"，并以人际互动来指导交流的心理过程。这种"参与性"和"合作性"的教学方式，其实是在心理学上加速了人与人之间的心理相互作用。

（四）跨文化交际与传播学

跨文化交际与传播学是紧密联系在一起的。"传播"一词起源于人类的历史，从人类出现之日起，就伴随着传播。沟通是对人的社会属性的一种确认，是一种传递信息的活动或过程。在跨文化交际中，"传播"是指两个主体之间相互传递、相互接受的过程，即一个主体发出一个信息，另一个主体接收信息。在跨文化交际中，语言的编码和解码是非常重要的。在进行跨文化交际时，传者与受者所处的群体和整体的社会环境所起的作用是必须加以重视的，其交际的方法与途径将直接关系到交际的结果。传播的整个过程都是跨文化交际的具体表现，在最开始的时候，跨文化交际主要是以文化传播学的理论为基础，但是在全球化的进程中，人们逐渐发现，商务、外贸、外交、传播、公关等活动变得越来越具有跨文化的特点。与此同时，在进行跨文化交际的过程中，中国优秀传统文化必须以特殊的传播方式和方法，才能使世界上的不同文化之间更好地相互了解、交流与和谐。这是由于西方人常常把他们自己的文化系统榜为普世的，而排斥其他的文化。

新兴的跨文化传播学提出，在跨文化交际中，主张通过"话语""传播"对中西文化进行"解构"与"建构"。这是一种对跨文化交际与传播关系的细化和扩展，跨文化传播学将来自不同文化背景的人整合到一起，从而降低因文化差异而产生的摩擦和冲突，将人与人之间的文化差异由阻力转变为动力。根据中国的国情，将重点放在了跨文化交际的人际交流中，尤其是在交际技能方面的运用。中国加入世界贸易组织、1998年教科文组织出版的《世界文化报告》等，使国家间的文化交际越来越受到人们的重视。从研究的背景、目的、层面来看，跨文化传播的兴起不仅仅是一种利益的驱使，更重要的是它展现出了它特有的实用价值和效用。这与殖民、世界大战和战后整编、后殖民、现代性、全球化等都有密切的联系，这就决定了跨文化交际的实际效用。跨文化交际的最终目标并不在于建立一种新的文化系统，而是在于调节文化差异和文化冲突。中外跨文化传播的现实意义在于，使其不再局限于少数几个国家，而是使更多的国家积极参与跨文化传播，推动和增强国际交际。跨文化交际的主要内容有：跨文化交际的方式、交际与交际的关系、交际的表现、交际的特征等。将跨文化交际与传播学相结合，有利于将跨文化交际与其他学科相结合，实现跨学科的融合与创新。

（五）跨文化意识的培养

随着现代社会生活和经济活动的全球化程度越来越高，人们需要借助跨文化交际，对各个民族的历史和文化背景进行及时的了解，其中包括了各个民族的生活价值观、生活方式和思维方式。这对利用跨文化手段来激发自己的潜力有帮助，从而培养出自己尊重、包容、公平、开放的跨文化心理，以及客观、无偏见和歧视的跨文化平等与国际意识，并培养出有效的跨文化交际、理解、比较、观照、吸取、舍弃、协作和传播的能力。

培养跨文化交际的意识和能力，需要将哲学、社会学、人类学、历史学和语言学相结合，并使两种不同文化背景的人能够自由地进行交际，或者直接地进行信息交际，利用语言和非语言的方式，掌握问候、致谢、称呼、成语、委婉语和禁忌语等。在培养跨文化意识的同时，也要注意对文化差异的敏感性，通过对比两种文化之间的相似和不同，才能恰当地进行跨文化交际。这就要求我们对西方的社会制度、历史、民族习惯和价值观念等都要有比较系统与全面的认识。借助语言和文化手段，可以让跨文化交际活动真正成为情境化、语境化的一种方式，从而让人们能够更准确、更深刻地认识到自己国家的文化与其他国家的文化之间的相似性和差异性，从而培养出自己的世界意识和跨文化交际能力。

在进行跨文化意识培养时，也要注重减少文化差异。在当今世界正步入一个"地球村"的时代，要进行跨文化交际，就要克服文化上的隔阂，即要对其他国家的文化背景、风俗习惯有更深刻的理解。

跨文化意识的培养不能忽视了跨文化教育，必须在不同的阶段和不同的水平上对学生进行跨文化教育，同时要做到"文化渗透"。在充分介绍中西文化背景的基础上，自觉理解中国与西方文化之间的不同之处，从而提高学生的跨文化意识，具体做法如下。

（1）加强对中国与西方文化的对比研究。通过对中西方文化在称谓、问候语、谢意、谦让以及赞扬上的不同点进行对比，突出中西方文化在称谓、问候语、谢意、谦逊以及赞扬上的差异。

（2）融入并感受其他国家的文化。在学习外国艺术、哲学、历史、风俗的过程中，利用英语的电影、电视、幻灯片、录像等材料，创造出一种不同的外国文化情境，以深化对西方文化的认识。

（3）文化渗透在语言训练中。因此，在英语教学中，教师应加强对学生的英语学习，提高学生的英语水平。要学习语言文化，就要对西方国家的历史、文化、传统、风俗习惯、生活方式，甚至生活的细节有更多了解。除此之外，我们还应该鼓励学生使用外语和外国人进行交流，通过面对面的交流，或者浏览一些网络上的信息，和外国网民进行交流，在交流中了解外国文化，传播中国文化，培养学生的跨文化交际能力。

三、跨文化交际学科的发展前景

任何一门学科的发展，都是在特定的历史条件下进行的。当今，在全球化的背景下，世界上的大多数民族都以一种开放的姿态，与世界上的其他民族展开了积极的对话，在对话的交际中寻求发展。在这种交际的过程中，全球的文化呈现出了一种多元文化共存的状态，而这种状态也在持续地促进着跨文化交际的产生、发展和变化。跨文化交际是一门古老的学科。霍尔的《无言的语言》被认为是"跨文化交际"理论的开端。随后，社会学、人类学、语言学及心理学等都开始研究并做不同角度的分析。最初，人们通过引入不同国家的文化习惯以及不同国家间的文化差异来降低不同国家间的交流冲突。随后，人们渐渐意识到：仅仅介绍两国的文化差异，并不能有效地降低跨文化交际过程中的文化冲突。而对交际对方价值观的理解和容忍，才是影响跨文化交际的主要因素。与此同时，人们也开始对影响跨文化交际能力的各种因素展开研究，并对这些因素展开一定的跨文化培训，以增强交际者在跨文化行为中的灵活技巧，从而持续提升交际者的跨文化交际能力。在此基础上，提出了一种新的跨文化交际理论。当前，如何看待"跨文化交际"这一学科的发展机会与前景？以下我们分三个方面进行论述。

（一）"跨文化"相关学科的增加推动跨文化交际的学科建设

在现代的科学研究中，不管是社会科学的研究，还是自然科学的研究，都表现出了一种不断分化的倾向，并且具有高度一体化的倾向。所谓的细分，就是在不同的领域，会有不同的研究。"不断综合"是指各学科间相互补充、相互渗透的内在关系。以"跨文化"为名字的学科层出不穷，而"跨文化交际"就是这样一种现象。就其性质而言，与以"跨文化"为名的一系列学科既有区别又有统一。随着"跨文化"这一系列学科的不断发展，人们可以从这些学科中吸取有益的东西，进而促进这一领域的不断发展与完善。它们直接或间接地促进了跨文化交际学科的建设。从以下几个方面展开论述："跨文化心理、跨文化教育学、跨文化交际研究。"因此，人们在进行跨文化交际时，往往会产生不同的心理反应，从而产生不同的文化差异。各民族的文化与各民族的心理有着密切关系。而这种差异，又与其所处的教育方式、内容和环境等因素有关。对不同民族的心理和教育进行深入研究，可以为跨文化交际的研究提供丰富的经验资料，促进其进一步发展。这些以"跨文化"命名的学科的产生、发展及成果不断丰富跨文化交际学的学科内涵，推动着跨文化交际学的学科前进。

（二）多国跨文化交际合作研究促进跨文化交际的学科发展

跨文化交际学是一门新兴的学科，由于其研究对象及学科特征，在某种程度上受到了国家间交流合作研究领域的广泛、深入的影响。跨国合作研究的范围与深度，与其学科的发展程度密切相关。从深度来看，国家间的合作可以促进文化的交流、融合与优化，有助于交际者克服文化本位与文化偏见，最终实现"共赢"，从而拓宽了国家间的交流与交流的范围。从深层次来看，多国跨文化交际的合作研究对深入探讨学科本身的一些命题有帮助。与此同时，因为多国之间的思想碰撞而产生的灵感火花，对突破和解决跨文化交际学科中的难题有帮助。所以，在跨文化交际的学科建设过程中，经常进行跨国之间的专项课题合作研究，这对促进跨文化交际学科建设的发展大有裨益。开展跨国家的跨文化交流合作研究，不仅是汉语界、外语界及部分企业的迫切需要，而且是当今世界经济、文化发展所必需的。跨文化交际是一个全球性的课题，随着国际交际协作研究的不断深入，国际交流的研究机构也越来越多。近年来，我国在该领域开展了多国合作，取得了显著成果，包括学校间、省级和州级间、国与国之间的合作。在中外定期举办的国际性跨文化交际学术会议，促进了对跨文化交际的宏观研究和微观研究的整合与专题研究的深入。可以预见，国家间的跨文化交际合作将成为一种趋势。

（三）全球新现象、新事物扩大跨文化交际研究范围

当前，跨文化研究的主题大多集中在诸如跨文化意识、言语交际、非言语交际等传统命题上，而对于文化全球化产生的新问题，直接进行跨文化交际的研究却鲜有新的成果。实际上，在"全球化"的背景下，有许多新的问题有待于进一步地研究。概括起来，主要有以下几个方面的课题有待研究。①全球化给跨文化交际带来的机遇和挑战的综合研究。②探讨了在全球化过程中，不同文化间的交际和合作。③对虚拟空间中的跨文化交际进行了探讨。网络为人们提供了一个虚拟的世界，其中主要有网上文化，而跨文化交际则由现实向虚拟扩展。在虚拟世界中，跨文化交际是如何体现的？跨文化交际在虚拟与现实中的异同？如何改善虚拟世界中的跨文化交际体系与规范？在虚拟的世界里，跨文化交际会对世界文化的发展产生什么样的影响？如何在虚拟世界中避免跨文化交际的风险等，都是值得探讨的问题。④探讨了在全球化背景下，强势和弱势两种文化之间的关系。⑤探讨了"跨文化交际"与其他带有"跨文化"色彩的学科的联系。⑥研究在全球化背景下，不同国家的言语交际与非言语交际的变化及其表现形式、基本特点和发展趋势。另外，在跨文化交际学的研究中，如何实现研究方法的转变，如何实现宏观和微观相结合，如何实现定性和定量相结合，如何实现理论和实践相结合，以及如何推动跨文化交际学的发展。从跨文化交际学科建设的视角来看，在这个全球化时代的"地球村"中，跨文化交际学的研究领域需要继续扩大，研究对象越来越多，研究方法和途径也需要越来越多，理论与实际的联系也需要越来越密切，理论研究的深入开展仍然任重而道远，研究队伍也需要得到加强和充实。这一学科的未来，需要当代人来描绘和开拓。

第二章　高校英语教学

第一节　高校英语教学的理论基础

关于语言的发展史，经历的时间很长，但是对于语言的本质问题的讨论从来没有停止过，越来越多的专家学者开始关注和探讨大学英语教学的本质问题。本节将在此基础上，以语言功能理论为切入点，并与语言的行为理论、主要流派相结合，对高校英语教学的理论依据进行详细的探讨与分析。

一、语言功能理论

英国学者韩礼德是功能学派的标志性人物，他把注意力集中在了社会功能上，认为语言是在不断变化的，它的社会功能必然会对语言自身造成一定的影响。因此，我们必须研究如何全面地运用语言，把语言的所有功能和所有组成它的元素都集中起来。本节将对韩礼德提倡的"语言功能"进行详细的论述。

（一）微观的功能

韩礼德认为，微观的功能主要出现在儿童进行母语学习的初始阶段，并且包括了以下七种功能：①个人功能；②规章功能；③想象功能；④启发功能；⑤工具功能；⑥相互关系功能；⑦信息功能。

（二）宏观的功能

相对于微观层面的功能，我们可以看出，相对来说，宏观层面的功能更复杂，更丰富，也更抽象。其中，宏观功能是从幼儿到成人的过程中表现出来的一种语言功能，并且主要分为两种。

1. 实用功能

实用功能是指在儿童学习语言的初期，由工具、相互关系和控制这三个功能引申出的一种功能，也就是儿童将语言当作一种行为的方法和手段。

2. 理性功能

理性功能是从儿童学习语言的早期微观功能中衍生出来的，是儿童将学习知识和观察事物作为一种手段与方式的功能。

宏观的功能是儿童早期进行语言学习时的过渡功能，与微观及纯理功能是延续的关系，这也在一定程度上显示出了人类语言的功能可以根据情况运用到各种场合，也在一定程度上显示出了人们在使用语言进行交际的过程中，也要进行相应的语言创造才能。

（三）纯理功能

韩礼德主张的纯理功能对语言学派有不可忽视的影响，主要包括以下三个方面。

1. 人际功能

人际功能是指语言在表达、建立和维持社会关系时具有的功能。通过这个功能，说话者可以在一定的情境下，完整地表达自己的真实想法、推断和态度，并在一定程度上影响他人。

2. 篇章功能

篇章功能是指语言具备的能够产生通顺的话语、连贯性的篇章，以及与主题思想完全吻合的语篇。他还提出，语篇实际上是一种有某种作用的语言。

3. 概念功能

概念功能是指人用适当的语言概括自己体验到的事物和自己感受的功能。这就是人用概念来解读经验，并以此为目标来表达和阐释事物。

韩礼德认为，这三个作用在任何一句话中都可以表现出来，而且往往是以共存的方式出现的。韩礼德对语言本质的认识，不但开拓了人们对语言本质的认识，使人们能够更深入地了解和研究语言，而且为后来出现的各种交际教学方法奠定了理论基础①。

二、言语行为理论

奥斯汀是在 20 世纪 50 年代提出的一种有关言语行为的理论。后来，美国学者塞尔对这一观点加以完善，逐步形成了对人类语言和交流过程的一种解释，这就是"言语行为"。这一理论的提出，不仅对外语教学起到了积极的推动作用，而且对观念概要的提出与发展也起到了积极的推动作用。在一般的语言教学与大纲设计当中，人们把言语行为称为"功能"，也就是"语言功能"。在本节中，我们将重点讨论奥斯汀与塞尔关于言语行为的相关问题。

（一）奥斯汀的言语行为理论

奥斯汀把话语分为"表述句"和"施为句"两类。此外，奥斯汀在这一观点的指导下，还提出了"三分说理论"。

---

① 李冬瑞. 跨文化交际背景下的大学英语教学模式分析 [J]. 英语广场，2023（14）：63—66.

1. 表述句

表述句是指用于描写客观事物、报道客观事件、陈述客观事实的句子。关于表述句，能够进行验证，且有真价值之分。如"Robert is ly-ing in bed."这句话，Robert 如果真躺在床上，就代表此句话为真，但是 Robert 没躺在床上，就代表此句话为假。

2. 施为句

施为句是一种用制造新情况的方式来改变世界的语言。对于"施为句"的句子，无法加以检验，因此无所谓"真"与"伪"的价值。比如"I call the toyhorse Spirit."之类的，根本无从考证。这句话的意思是给玩具马起名字，也就是对这个世界有了某种程度的改变。

从这一点可以看出，这两种类型的最大差别在于：第一种是用语言来指事和用语言来叙述事情，第二种是用言语来做事情和用言语来完成事情。

3. 三分说理论

奥斯汀提出的三分说理论具体可以分为以下几个方面。

（1）以言指事的行为。

以言指事的行为就是通过发音器官的运动，产生对应的词语，并根据一定的规律，把词语排成对应的词语或句子，通常是一种表示意义的行为。

（2）以言行事的行为。

所谓的行动，就是用言语去执行相应的行动或做一些事情。这个动作明确地表达了说话者的目的（语言能力）。奥斯汀将其分为：①评价型；②授权型；③允诺型；④论证型；⑤表明立场型。

（3）以言成事的行为。

以言成事的行为会因为说话的方式而产生不同的效果，也就是说话带来的一定的后果。在这里要特别说明的一点是，以言成事的行为和以言取效的行为都是指通过说话而引起的相应的结果，而且无论结果如何，都与说话人的意图无关。

（二）塞尔的言语行为理论

塞尔在奥斯汀的理论基础上进行了相应的改良，并提出了相应的间接言语行为理论，下面进行具体分析。

1. 以言行事行为的分类

（1）承诺类。

承诺类是指说话的人对未来也就是将要发生事情的行为进行的不同程度的保证和承诺，承诺类以言行事行为的动词包括了 threaten, guarantee, promise, commit 等。

（2）表达类。

表达类是指说话者具有的一种心理状态。表达类按照语句行动的动词有 apologize, welcome, regret, boast 等。

（3）断言类。

断言类是指讲话者对某种事物表现出的一种看法或态度。断言类以言行事行为的动词有 state, remind, inform, claim 等。

（4）宣告类。

宣告类是指由说话者提出的论题，其论题的有关内容与客观事实一致。宣告类以言行事行为的动词有 nominate, announce, declare, resign 等。

（5）指令类。

指令类是指一个人对另一个人发号施令。指令类以言行事行为的动词有 invite, order, advise, suggest 等。

塞尔提出的重新分类的方法由于其科学性和实用性，至今仍在运用。

2. 间接言语行为理论

所谓间接言语行为，就是通过执行其他行为，以实现间接执行言语行为目的的一种行为。比如，"Can you pass the bottle forme?" 从言语行为的角度来看，这句话表面上是在询问，实际上是在发出请求，即在该句中，请求是通过询问的方式来间接实施的。塞尔也建议将非直接的语言行为归入如下两种类型。

（1）规约性间接言语行为。

规约性间接言语行为通常是一种客气的表示，根据说话人采用的语法形式，可以推测出其表达的意思。

（2）非规约性间接言语行为。

非规约性间接言语行为通常比较复杂，通常需要根据交流双方的语言信息，对当前情况进行理性的判断。

三、二语习得研究的流派

20世纪60年代以来，一些学者对人类获取语言技能的机理进行了深入研究，并将语言学、社会学等多个学科相结合，形成了"二语习得"这一新的理论体系。自20世纪70年代以来，二语习得领域的学者从各个方面对二语习得展开了讨论与研究，相应的研究方法也各具特色。罗德·埃利斯在他的《第二语言习得概论》中说，对第二语言习得的研究从不同的角度展开（如从心理到神经语言学）。随着人们对第二语言进行多层次、多手段的持续探索，有关第二语言的理论也在不断涌现。其中主要有以下两个方面。

(一) 普遍语法理论

1. 基本内涵

乔姆斯基和乔姆斯基的支持者认为，人类对语言的普遍认识是由基因决定的，所以，乔姆斯基把这种与生俱来的认识称为"普遍语法"。"普遍语法"既强调语言固有的内在机理，又强调语言内在的共性规律对语言习得的影响。如果没有这方面的才能，那么无论第一语言还是第二语言都会消失。这是由于在进行语言学习时，所需的相关资料并不充足，不能有效地促进学习者的学习。乔姆斯基认为，从某种意义上来说，语言也是由发话者自己的精神活动决定的。这就好比一个人天生就有一种语言的学习能力，所以当他发现自己说错话的时候，并不一定要去纠正，而是随着他的成长，慢慢地积累自己的经验，慢慢地去改正。有些人在运用语言时，习惯于用语法校对，以确保话语的正确，实际上，这是一种自我监督，是一种学习。随着他们的年龄越来越大，他们的语言能力也越来越强，他们很少使用自我监督。因此，从根本上来说，语言不是靠学习获得的，而是一种存在于人脑中的语法原理，是生物性天赋的一个重要部分，无须特别去学习，但也不能违背其规律。

普遍语法理论中的基本概念包含了原则和参数两个方面，它们分别对不同语言之间的共同之处和不同之处进行了详细的论述与说明。

2. 普遍语法与二语习得

普遍语法理论认为，第二语言的获得是建立在语言对应的参数值之上的，并将第一语言和第二语言中反映出来的语言规则与语言特点，与第二语言的习得过程联系起来，进而对习得的现象做出详细的说明和分析。这一假说试图说明第二语言是由一种相对独立的语言机制发展而来的，而非来自人类的认知系统。这一假说的优势在于，它有助于我们更好地理解和探索第二语言的学习过程，也有助于我们更好地理解和评价第二语言的学习过程。

但是，许多学者对这一理论仍存有疑虑。因为这一理论相对于其他理论来说比较抽象，所以它并不能从本质上对具体的课时教学起到正面的指导作用，这也会对它在二语习得中的适用性造成一定影响。

(二) 语言监控理论

美国学者克拉申在20世纪70年代提出了一套颇具影响力针对二语习得的"语言监控"理论，它的出现极大地冲击了以语法为中心的传统英语教学，以下将对其进行详细的剖析。

1. 习得/学习的假设

在习得/学习的假设中，克拉申强调了"学习"与"习得"的区别，并将两者分开，提出了习得是一种潜意识中获取语言的过程，而学习则是一种自觉地运用多种方法学习语言的过程，从神经科学的角度来看，学习的知识与习得的知识位于两个不同的脑区。

2. 自然顺序的假设

自然顺序的假设认为，人们对语言结构的认知是按照某种自然的次序进行的。他认为，这一假定并不要求大家依照这一次序来制定有关的课程大纲。实际上，要使学生获得与之相适应的语言技能，就必须遵循特定的语法顺序。

3. 监控的假设

监控的假设与习得/学习的假设密切相关，在某种程度上体现了习得和学习之间的内在联系。将"习得"与"学习"区分开来，认为二语习得应当像一个孩子掌握自己的母语那样。儿童的语言习得并不是通过刻意的教导或刻意地去学来的。儿童与成人（经常是家长）之间的许多言语交流，这些交流都是在实际情况下进行的。他们运用语言的能力，是通过大量潜意识中的言语交流而得来的。所以，当我们"教"学生第二语言的时候，应该把儿童的母语习得融入高校英语教学，同时也要为学生提供一个更加多元化的学习环境。例如，以往在英语教学中使用的某些方法，其重点就是模仿一个真实的学习情景，这就是对这一思想的一种反映。

从这一点上可以看到，语言习得与学习的功能各有各的特点。语言学习系统实际上就是人的潜意识语言知识与语言能力。而语言学习系统则是一种有意识的语言知识，它主要在第二语言运用的过程中发挥着监视和编辑的作用，这种监视功能可以在语言输出之前，也可以在语言输出之后。然而，监督职能能否得到最大限度的发挥，还取决于三个方面的因素：时间、形式和规则。

与书面表达相比，口语表达更重视说话的内容，而很容易忽视它的语法规则和形式。所以，如果在说话的过程中，对其展开语法监督，就会在一定程度上对说话的人造成影响，导致说话时出现结巴现象，进而对语言交际造成不利影响。而在书写中，由于作者可以利用充裕的时间，对所要使用的文法规则进行反复斟酌，从而选择出最适合自己的语法，因此，在书写中表现得比较好。

4. 输入的假设

克拉申关于语言习得理论中，对输入的假设是一个重要方面。他认为，语言习得者只有接触到了"可理解的语言输入"，即接触到的第二语言输入略高于习得者的语言水平，且该习得者不仅能从形式上进行理解，还能从意义和信息两个方面进行理解，才能产生语言习得。这就是今天仍然很有名的"$i+1$"理论。这里的"i"指的是学习者目前掌握的语言水平，而"1"指的是学习者掌握的语言知识，比学习者掌握的要多一些。克拉申也相信，这个公式不需要你自己去领悟，只要你能领悟到足够多的东西，它就会自动出现。

5. 情感过滤的假设

情感过滤的假设认为，有了对应的可理解性输入并不一定能使学习者学会更好的语言，而且二语习得也会受到多种情绪因素的影响。只有经过情绪过滤，才能将这些信息全部消化。克拉申还提出了情感因素对语言学习的影响，包括动机、个性、情绪状态等情感因素。

以上是通过语言功能理论、言语行为理论以及二语习得研究的流派对高校英语教学的理论基础做了简单介绍。

第二节 高校英语教学的构成因素

一、教师

在高校英语教学中，教师是学生学习的组织者，也是影响教学效果的最重要变量之一。在课堂教学中，教师发挥着主导作用。在实施自身主导作用的同时，教师应注意提高自己的素质。一位称职的英语教师应在下列几个领域中具有最基本的品质。

（一）专业素养

教师专业方面的素养包括如下几个方面。

1. 综合教学能力

综合教学能力则是英语教育要求的除自身语言知识外，还应具备其他的教学能力，如写作、歌唱、绘画、制作、表演等。具有较强的综合教学能力：会写作，即所写的字要工整、标准；会歌唱，就是能根据学生的学习进度来编写，教授和演唱学生喜欢的英文意思的歌曲；会绘画，就是能够进行简单的绘画，并且能够在教学中应用；会制作，是指能设计和制造各类教学辅助工具，如幻灯片、视频、计算机软件等；会表演，就是能运用身体语言，通过丰富的表情，协调的动作，来表达自己的意思和情绪，并做到有声有色。

2. 系统的教学理论知识

作为一名英语教师，还应具备较高的教育理论水平。而系统化的教育学理论，则要求教师在具备教育学、心理学等相关理论的同时，还必须具备英语教育学的相关理论知识，这些理论知识主要有：现代语言知识、英语获得理论知识、英语教学方法知识等。

3. 较高的语言水平

作为一名合格的英语教师，其基本素质应达到一定程度，具备一定的语言专业素养。

作为一名英语教师，不但要掌握英语的语音和语法知识，而且要掌握大量的词汇，还要有听、说、读、写的能力。良好的语言素质是有效进行课堂教学的根本保证，只有良好的语言素质，才能使教师对所学内容有一个整体的把握，才能把英语知识灌输给学生，并使他们获得良好的英语能力。

4. 英语教学的组织能力

英语教学的组织能力是指在课堂上，教师如何调动并组织学生在课堂上进行集体的学习活动。这种能力体现在教师对课堂的有效掌控和对学生的有效调动两个方面。要想对课堂进行有效的掌控，教师应注意：注意教材内容，注意自己的言语及言语表达；注重学生对英语的理解与表达，包括语音、语法、词汇、思维方式等，重视课堂气氛与纪律；要善于把握学生的注意力。只有这样，才能保证课堂的秩序。为了更好地调动学生的积极性，教师必须有创新精神。一走进教室，教师就会进入一种充满创意的状态，他们的思维非常活跃，他们可以很轻松地将自己掌握的知识和技巧进行灵活的应用，这样他们就会受到强烈的影响，并愿意将自己的全部精力都投入到教师指导的学习中去[①]。一口流利的英语，本身也是一种调动学生积极性的动力，因此，教师的发音必须清楚、准确、流利、易懂。此外，教师还必须能够按照自己的语言水平，运用已学过的词汇和语法结构，来组织自己的语言。

5. 传授和培养英语知识技能的能力

（1）教师应善于讲解。讲授是每一位教师最基本、最重要的职业技能。一位合格的教师，应该擅长把一些高深的东西，变成简单的东西，并且能用浅显的语言来解释。因此，教师不但要对学生的心理和生理特点与英语学习的程度有全面认识，而且要做好精心的准备工作，要针对不同的教学内容，选择合适的教学方式，在教学时要强调教学的重点。

（2）教师应具有良好的示范作用。英语教学应以知识的传授和技能的训练为目的。学生的语言技能训练主要包括：发音、书写、朗读和说话等，而这些都是由教师做示范，学生再根据教师的示范来进行。教师要将示范与讲解有机地结合起来，用示范配合讲解，或者用讲解来将示范中的关键点凸显出来，做到示范正确标准。因为演示的目的是让学生模仿，所以它必须和学生的实际操作紧密结合。

（3）教师应擅长提出问题，激发学生的兴趣。在英语教学中，提出问题是一种很重要的方法，而教师应充分利用这个方法。比如，在教学前用问题的方式对已有的知识进行温习，通过问题来对教授的课程进行检查和回顾。在运用课堂提问法时，教师应在两个方面做好准备：一是根据学生的实际情况，提出符合学生实际的问题；在提出问题时，要充分发挥学生的学习兴趣。

---

① 王林芳. 跨文化视域下大学英语写作教学策略的探究[J]. 江西电力职业技术学院学报，2023，36（4）：31-33.

（4）教师应擅长指导学生做题。要想提高学生的英语水平，就必须进行语音、语法、口语、听力、阅读和写作等方面的练习。因此，在英语教学过程中，教师应充分认识不同类型的练习的功能，指导学生开展不同类型的练习，才能更好地发展他们的语言能力。

（5）教师在对学生说话时，应注意对其进行正确的纠正。英语学习是一个循序渐进的过程，因此，在这一过程中，我们不可能不犯错。一些错误是可以由学生自己修改的，教师不需要对这类错误进行更正。同时，在一些需要更正的情况下，教师要有策略，有技巧的更正。什么时候、怎样改正，这些问题都是教师教学实践能力的体现。

6. 较强的科研能力

在过去，英语教学对教师的要求仅仅是具有某种程度的语言功底，并不是很高。然而，随着时间的推移，教育对教师的要求也越来越高，教师不仅要有语言水平、教学水平，更要有较强的教育科研意识和科研能力。

一位好的英语教师既要在课堂上从事教育，又要在课堂上积极主动地参与英语教与学的研究。在相当长的一段时间里，我们的英语教学基本上都是从外国英语教育的理念和方式中抄袭过来的。这对我们的英语教学起到了很大的推动作用。然而，目前已有的研究成果主要集中在第二语言学习者身上，加之中国英语教学有其自身的文化背景，中国学生也有其自身的生理、心理特征，所以，上述的研究成果并不能完全适用于我国英语教学。要想使我们的英语教育更好地发展，我们不能仅仅依靠外国的教育理论和方法，更应该从中国自身的特点出发，并在此基础上，进行融合和创新，以求在英语教育中找到一条有中国特点的道路。因此，教师应根据自身的实际情况，对教学活动进行深入的调研，对获得的经验进行分析、总结，从而提高自己的教学水平，并把这些经验转化成新的理论，以充实我们的英语教学活动，推动我们的英语教育事业进一步发展。

（二）师德素养

师德是一种基本的道德品质，也是教师从事教育教学活动的动力源泉。师德关系到一个教师的爱生之心、忠于事业之心、执着于教学之心、人格之塑造。同时，教师的道德水平也对学生的人格发展产生了直接影响。这就要求英语教师要有坚定的理想和信念，要有科学的世界观、人生观和价值观，要有忠诚的为人民服务的精神，要有敬业的工作态度，要有对学生的爱。教师只有自己真正懂得奉献，体现公正，有责任感，才能做到言传身教。

（三）人格素养

人格素养是教师素质的全面反映。"学高为师，身正为范"是对当代英语教师的一种总结，也是对其个性形成的一种新的认识。一位好的英语教师应该具备高尚的品德，宽容、谦虚、好学的性格，对自己有正确的认识，对自己好的心理状态，对语言的诙谐，对人际关系的融洽,对外貌的端庄,对美学的高度重视,对工作的热情,对知识的高度重视和对自己的认识。它们并非各自独立,而是相互联系,相互作用。

二、学生

在英语教学中,学生是教学的主体和中心。每个学生都是独一无二的,他们之间有很多的差异,特别是在语言潜能、认知风格、学习动机、学习态度以及自身性格等方面,并且这些差异使得他们理解和掌握新知识的速度与程度也不一样。这里着重分析了不同程度的学生之间的差异。

(一)语言潜能差异

语言潜能指的是掌握英语所需的一种认知品质,或者说掌握英语的一种能力,是一种既定的天赋。"英语素养"是指对学生语言综合应用能力的培养,"语言潜能"是指从认知素养出发,对英语学习的潜力进行预测。卡洛尔认为,语言的学习能力应该包含如下方面的内容。

(1)语音编码、解码能力,也就是与输入过程有关的能力。

(2)归纳性语言学习技能,是指对相关语文资料进行整理与运用的技能。

(3)语法敏感性,即从语料中推理出语用规律的能力。

(4)联想、记忆力,是指对新知识的消化、吸收。

不同的学习者在语言能力上有不同的表现。在进行教学的过程中,教师应该对学生的语言潜能有一个清晰的认识,从而对他们进行因材施教,让他们可以根据不同的学习任务,在不同的情况下,利用自己的优势,达到事半功倍的效果。

(二)认知风格差异

认知风格指的是一个人在信息加工(包括接受、储存、转化、提取和使用)过程中,呈现出的认知组织和认知功能上的一种持续不变的风格。认知风格包括了个体在知觉、记忆、思维等认知过程中的不同,也包括了个体态度、动机等人格形成和认知功能与认知能力方面的不同。不同的学习者具有不同的认知方式。虽然不同的认知方式都有各自的优点和缺点,但是这并不意味着他们在学习上就会有差异。学生可能会有自己喜欢的处理信息的方法,而且他们在学习不同的教材时也会有自己的优势。在学习过程中,学生的认知风格与教师的教学风格和学习环境等因素的匹配程度越高,学习效果越好。所以,教师应该理解并尊重学生具有差异化的认知风格类型,根据不同的学习任务和学习环境,对其进行适当的指导,将自己的教学特色与学生的需求有机地结合起来,从而获得更好的教学效果。

(三)情感因素差异

情感因素方面的差异主要涉及以下几个方面。

1. 学习动机

学习动机是一种能够激励个人开展学习活动,保持已经产生的学习行为,并促使其朝着某一特定目标前进的内心过程,也就是一种内在的精神状态,它是英语学习的直接驱动力,也是决定英语学习成效的重要因素。学习动机既是学习活动的源泉,又是学习活动的启动、维持和完成的必要条件,它直接影响着学习的成效。

2. 性格

性格是一种相对稳定而多变的心理品质,它是一个人对待生活的态度和行动的态度,它是一种非常重要的情绪因素,也是决定一个人英语学习成败的主要因素之一。埃利斯(R. Ellis)的研究表明,性格外向的学生,由于他们乐于交流,不惧错误,能够主动参加英语学习,并且在活动中寻找更多的学习机会,因而更倾向于进行交流;而性格内向的学生由于擅长运用安静的个性来进行阅读与写作,在发展其认知学术语言能力方面具有较大的优势。对于教师而言,对学生个性差异进行研究的终极目标,就是要将学生的个性差异以及他们的不同心理状况,充分发挥出不同性格的学生的优点,对他们进行因材施教,从而达到更加理想的教学效果。

3. 态度

态度是一个人在英语教学中表现出来的一种稳定的心理倾向,它是一个人为了实现某一目标采取的一种积极的、有意义的态度。态度包含了三个层面:情绪层面,是指人们对于事物的喜欢与不喜欢;认识因素,是指人们对于某种事物的信仰;意动因素,是指人们对于某个目标有行动的意愿,也就是实际动作。一般而言,对异国文化怀有好感,对异国生活方式充满向往,想要了解异国历史文化及社会风俗的同学,会对异国文化及语言采取正面的态度,从而取得较好的学习成果。相反,就很难学好这门语言。另外,学习材料的选择,教学活动的安排,以及对教师的看法,也会对英语的学习产生一定影响。

通过对学生个性差异的分析,可以帮助教师针对不同的学生,合理地设计不同的教学方案,合理地选择不同的教材和方法。

三、教学内容

教学内容是师生沟通的纽带,是课堂教学中不可缺少的组成部分。在教学过程中,为了达到教学目的,教师和学生一起发挥作用的知识、技巧、技能、思想、观点、概念、事实、问题、行为习惯等的总和。教学内容是一个有别于语言知识自身、有别于人们生活经验的特殊知识体系。在教学过程中,应充分考虑到英语专业自身的知识结构、学生的年龄特征、学生的实际需要等因素。一般而言，教学的主要内容有以下几点。

（1）语言知识。英语基本知识是英语综合应用能力的一个有机部分，它是语言学习与应用的一个重要方面。没有扎实的语言基础，要想学好语言，是不可能的。

（2）语言技能。听、说、读、写是学习和运用语言必不可少的四项语言基本技能，是他们形成综合语言运用能力的重要基础和手段。听是一种辨别和理解语言的能力，说是通过口头表达思想和输出信息的能力，读是一种识别并理解文字的能力，写是用文字来表达思想和输出信息的能力。通过大量的听、说、读、写的专项和综合性语言实践活动，学生可以培养出对这四种技能的综合运用能力，从而为真实的语言交际打下基础。

（3）情感态度。情感态度指的是：兴趣、动机、自信、意志和合作精神等，这些都会对学生的学习过程和学习结果产生影响。此外，情感态度还包括了在学习过程中，逐步形成的祖国意识和国际视野。在教学过程中，教师应该持续地激发和加强学生的学习兴趣，引导他们逐步将兴趣转化为稳定的学习动机，树立自信心，锻炼战胜困难的意志，让他们认识到自己在学习过程中的优势与劣势，让他们愿意与他人合作，培养出和谐和健康向上的品格。

（4）文化意识。在英语教学中，"文化"指的是一个民族的历史、地理、风土人情、传统风俗、生活方式、文学艺术、行为准则和价值观等。对于学生而言，多接触、多了解英语国家的文化，有助于他们更好地理解、运用英语，加深他们对自己文化的了解，同时也有助于提升他们的人文素质，增强他们的世界观。所以，在教育过程中，教师要积极地对学生进行文化意识的渗透，要针对他们的年龄特征和认识水平，进行文化知识的灌输，以培养他们的文化意识和世界意识。

（5）学习策略。学习策略是学生在学习过程中采取的一系列措施。英语教学策略主要有：认知策略，调节策略，交际策略，资源策略。在英语教学中，培养好的学习策略可以帮助学生更好地进行英语教学，并为他们的终身学习打下良好基础。运用行之有效的英语学习策略，不仅能改善英语教学方法，提高教学效率，而且能教会学生怎样去学，并能培养他们的自主性。所以，教师要有意识地帮助学生形成与自己相适应的学习策略，并对自己的学习过程和效果展开监控与反思，培养学生以学习风格为依据，不断调整学习策略的能力。同时，教师还可以指导学生去观察别人的学习策略，与别人进行交流，从而获得学习的心得体会，并尝试使用不同的学习策略。

教学内容以教材为主要载体。在新一轮的新课改中，教材是影响教育教学效果的一个重要因素。教科书既是教师用来教的，又是学生用来学的。简而言之，教科书是教书育人的基础。但是，由于教科书是死的，学员的变动，加之教科书的编制受到编者的能力、材料等因素的制约，难免会有一些缺陷。如果教师为了达到教学目标，而忽视了学生的反馈，只是照本宣科地运用课本，那就不能有效地提高学生的学习效率。所以，在课堂上、课堂下，教师要根据实际情况，适时地调整课堂教学的方式和内容。

四、教学环境

任何教学活动都是在一定的教学环境中进行的,教学环境是影响教学质量的重要因素。同时,英语教学也要在真实的英语环境下开展,因此,英语教学受到了环境的制约。

(一) 教学环境的构成要素

英语教学环境是英语教学活动必需的现实条件,也就是使教学结构稳定,教学活动受到制约,个人发展受到影响的各种因素。在英语教学中,环境是一个外在的因素,它对学生的学习起着决定性作用。教学环境主要由以下几个要素构成。

(1) 校园内的情况。在英语教学中,学校是最好的环境,也是最直接、最重要的,它的成功与否,取决于大多数人的英语水平。校园内的教学情况,包括学生接触英语的多少、班级的规模、教学设施、教材、英语课外活动、英语教师和其他教师对英语的态度、英语教师的英语水平、校风、班级风气、师生关系等。

(2) 社会性因素。社会环境对英语教育起着很大的作用,它包括:社会制度、国家教育政策、英语教育政策、经济发展状况、科技水平、人文精神、社会团体对英语的看法、社会对英语的需要等。社会环境是影响英语教育的一个主要因素,它在英语教育中起着很大的指导作用。

(3) 个体因素。个人环境是指家庭成员、同学、朋友的社会地位,他们的物质生活情况,文化程度,职业特征,对英语的态度,经历,水平,学习方法,家庭成员的关系,他们的家庭情况和经济情况,拥有的英语学习器材等。在英语学习过程中,个人环境也会在某种程度上影响到学生。

(二) 教学环境对英语教学的意义

英语教学的成功与否,与其存在、发展、交流、运用等诸多环境因素密不可分。教师的教学环境对教师的教学行为产生了重要影响,对学生的教育行为也产生了一定的影响。教学环境对英语教学的意义主要表现在以下几个方面。

(1) 促使教师在教学过程中,积极创造一个好的英语课堂氛围,并充分利用现代的教学手段和资源,不断优化教学氛围,使学生的英语应用能力得到全面提升。

(2) 有助于教师更好地理解英语学习所处的环境,并根据中国英语教学的实际情况,理性地分析、判断和选择国外英语教育的理论与方法。

(3) 有助于教师对语言输入资料进行有效处理,对语言训练进行科学的设计,为英语教学创造一个良好的情境。

（4）对于教师来说，通过不断地学习、实践、创造英语教学环境，从而提高自己的教学质量是很有帮助的。

第三节 高校英语课堂教学模式

在经济全球化的大背景下，企业对人才的需求不断增加，对人才的要求也不断提高。特别是对于英语能力的重视程度日益提高，突出了听说读写翻译的能力。英语是一种重要的交流工具，在世界范围内是无可替代的。但是，目前高校在培养的非英语类人才中，其英语应用能力与社会要求的差距较大，主要体现为英语的口头交流能力较弱，一些学生的英语应用技能和实际操作能力与企业对复合型人才的要求相去甚远，这就导致了他们在工作中不能达到自己的目的，更不利于自己的事业发展。为了使高校英语教学跟上时代步伐，从整体上提高高校英语水平，已成为大学的当务之急。

一、高校英语课堂教学模式在数字化背景下的发展趋势

在教育部"21世纪发展振兴计划"中，除了提供课本外，还附加了光盘和网络课程，为高校英语数字教学化奠定了良好的基础。在数字化时代，英语教学趋向于多媒体教学，网络教学得到了广泛的应用，而传统的高校英语教学朝着网络、多媒体的方向发展。大学英语听、说、读、写的课程也由传统的单一教学模式转向了多媒体教学模式，教学资源也由传统的纸本教科书转向了网络和数字技术。传统的高校英语教学方式单一，缺乏对学生的听说读写能力的培养，在课堂上，教师往往会给学生讲解一些新的词汇，一些新的语法句型，让学生死记硬背，这种教学方式不但无法调动学生的学习积极性，而且教师自身也很疲惫，学生的学习成绩也得不到改善。但是，随着互联网、电脑的广泛应用，多媒体教学的发展，给高校英语教学的变革提供了极大便利，数字化教学环境不仅可以确保英语发音的准确性，而且可以用语言、情境、背景等形式把英语课堂中学到的知识以一种生动的方式展现在学生面前，比起以往教师枯燥无味的讲授，更能激发学生对英语的兴趣，对大学生英语水平的提高也有很大帮助，具有明显的促进作用。在英语多媒体刚刚出现的时候，它与阅读和写作是分开的，但是在经历了几年的发展和演化之后，现在的数字英语教学已经把各项内容有机地结合在一起，使整个英语教学完全数字化。在高校英语课堂中运用数字教学模式，以小班授课，可以极大地提高英语课的效果，调动学生对英语的兴趣，并为英语教学开辟新的途径。通过网络和多媒体技术的发展，使英语在数字化教学模式下具有更大的灵活性和更大的时空差异，这既能使学生从传统英语教学的紧张状态中解脱出来，又能促进他们的自主性和自觉性的提高。但是，在数字化英语教学中，学生面临着机

器的学习，教师也必须在教学中给予指导。建立实时的交际平台，通过微博、微信的方式与学生进行交际和交流，以弥补网络学习对学生造成的局限。

二、数字化背景下高校英语课堂教学模式的应用特点及作用

（一）数字化环境下高校英语教学中运用多媒体的特点

为了提高高校英语课堂的教学质量，增强学生的学习效果，英语课堂在数字化时代的到来，多媒体技术的应用显得尤为重要。在教学方面，多媒体技术能给学生提供更多更丰富的英语教学内容，它能帮助学生掌握英语知识和选择英语知识，还能随时为学生提供即时的国际和国内英语消息，使学生能通过阅读英语报纸和杂志来提高自己的英语水平[①]。将多媒体技术运用到高校英语课堂上，可以让教学变得更有活力，更有灵活性，更能调动学生对英语的兴趣。多媒体技术的运用，可以增加英语教学的乐趣，调动学生对英语的积极性。

（二）数字化环境下高校英语教学中应用多媒体的作用

1. 促进学生自主学习能力的提升

高校学生在学英语的时候，由于英语的基础还很薄弱，在英语的学习上遇到了很多困难，传统教学方法很难调动起学生的积极性和主动性，而利用多媒体技术，则可以弥补传统教学方法的不足，利用多媒体图像和音频的优势，使学生可以获得更多的英语知识，从而提高他们的学习兴趣。

2. 创造良好的学习氛围

在数字化的环境下，多媒体技术在高校英语课堂上的运用具有其独到之处，它可以把教学内容以声音、影像的形式表现出来，让学生对英语的感知更加丰富，把文本和多媒体相结合，让学生可以在日常生活中体验到英语的学习，这样就可以把英语的语境和语感形象地展示给学生，让他们身临其境，提高他们的学习效率。

3. 培养学生自主思考的能力

将数字多媒体技术运用于高校英语教学，有利于提高学生的独立思维和独立学习能力。现代的多媒体技术，将科技运用到英语教学中，可以使学生获得更多的知识，而且更便利，这样可以开阔学生的视野，提高他们和教师的英文交流能力，有助于他们对英语知识的了解，有利于他们培养好的学习习惯和独立思考能力。

---

① 徐晶晶. 大学英语教学与跨文化交际能力培养[J]. 校园英语, 2023 (3): 130-132.

三、数字化背景下高校外语课堂教学模式的创新发展

(一) 丰富学生英语学习资源

在数字化时代,信息技术已被广泛运用于英语课堂,多媒体英语教学已不仅仅限于图书馆、教科书、文献等,而是以实践为基础,拓宽了英语学习的渠道,让学生可以利用多媒体来学习英语知识。利用多媒体教室授课,让学生在网上下载资料,查找英语知识要点,完成听力、口语、词汇量的训练。同时,学生也可以根据自己的需要,在网上查找提高英语水平的知识,也可以从英语教研系统中下载到有用的教学资源,在教师的指导下,为学生提供一个数字化环境下的教学平台,充分发挥数字化多媒体技术的优越性,提高教学质量。

(二) 高校英语课堂教学多模态、多媒体的合理联系

随着高校英语教学的发展,大多数学生在自学英语的过程中,更倾向于采用由教师授课的方式,如录像、录音等,从而提高自己的学习效果。然而,为了在高校英语课堂上创造出更好的学习效果,教师必须将英语知识与声音、影像相结合,适当地向学生灌输,让数字多媒体作为教学的一种补充。教师要以语言知识强调重点,精讲多练,合理运用多媒体,适当运用板书,提高学生的口语水平,使学生自觉地参与课堂互动。

(三) 以教学为主导构建全面性数字资源网络

在高校英语数字化资源的建设中,我们以英语学习理论为依据,并与学校的课堂教学情境相结合,来实施数字化资源的建设。在建构的过程中,除了教师之外,还应该有学生的参与。英语作为一种在社会发展过程中必不可少的基础语言能力,在高校学生中占有举足轻重的地位。对此,我们要积极应对,在建设数字化资源时,也要有一定的人力、财力支撑。因此,在建立数字资源库的过程中,必须有对英语有很深造诣的教师,还要与后台、前台、网络等相关的技术人员交流,才能保持数字英语资源库的不断优化和更新。

因此,将数字化多媒体应用于高校英语课堂是一种崭新的教学方式,它将改变以往以教师为主导的课堂教学方式,以学生为主体进行主动学习,这也是当前大学英语教学改革的方向。当然,这也是为学生提供长期学习指导的。因而,在大学英语教学中应用数字化的多媒体技术,能充分发挥其自身的教育优势,并能拉近师生之间的距离。将多媒体技术运用到大学英语课堂中,可以有效地发挥学生的创新精神,提高他们的学习能力,增加他们的自主性,提高他们的师生关系,激发他们对英语的兴趣,从而提高英语的整体水平。

第三章 跨文化交际与英语教学的融合

第一节 跨文化交际与英语教学

我们所处的时代，是一个文明、进步、与国际接轨的新时代。在教育方面，我们要转变过去的传统观念，使我们的眼界更开阔，眼光更长远。自从改革开放以来，我们国家的发展速度很快，很多东西都出口到了国外，但也引进了一些新的东西，所以，我们要加强自己的文化，才能与时俱进。英语是一种与我国五千年历史文化迥异的西方文化，它有着自己独特的语言习惯，在许多事情的表述上也有着自己独特的风格。在英语里，同一种语言能传达多种含义，如果按照自己的思考方式去解读英语，就会产生差异。

一、了解西方文化能更好地学好英语

（一）要学好一种语言，就要了解它的文化

用我们有限的知识来学习一种不熟悉的语言是非常吃力的，要想把它学好，就必须对它有所了解，俗话说"知己知彼，百战百胜"，学习与战争也是如此，只有运用好了方法，了解了对方，才能打胜仗。因此，我们如何在英语的学习上取得胜利？那就是对其语言文化、历史文化、语言习俗等有了一定的认识，这样我们在学习时才不会像无头苍蝇那样到处乱撞。研究文化，是为了学好外语打下基础，理解了外语，也就理解了他们的生活习性，这样重新研究外语就不会太困难了。

许多同学反映，我们照着过去的方法，死记硬背，可我们总是忘记，我们在平常的阅读和听力练习中，我们总是学不会，这是怎么回事？那为何我国的儿童在没有教育、没有学习的情况下就能开口说话？这也是环境文化的作用。当你对一个国家的文化有了更深的理解之后，你对这个国家的一切都不会感到陌生，与之相关的一切，你都会变得更加得心应手[①]。要把英语学得很好，要懂得他所要传达的信息，只要你熟练了，你就可以随时随地地知道他的意思。不同的单词在不同的句子中有不同的意思。同一单词在不同场合也有不同的用法，这与我们的母语是有很大不同的。在听力训练中，我们必须明白他说的是什

---

① 文宇. 新文科背景下大学英语教学中学生跨文化能力的培养[J]. 新课程研究，2022（36）：50—52.

么,这样才能更好地记住他说的话。任何一种新事物的学习,都会存在着各种各样的问题。不过,如果我们能够把握住学习的要领,理解其基本节化的表达方式,重新学习就不会太困难了。

(二) 符合时代发展的要求

英语在世界范围内已经是一种普遍使用的语言,随着社会的发展,人和人、国家和国家之间的交流变得更加频繁,各国之间的文化、科学技术交流也变得更加广泛,英语也就成了各国交流中必不可少的一种交流手段。因此,我们很有必要把英语学好。

在这个科技发达的年代,有了人才,就有了科技。因此,随着英语在世界范围内被广泛使用,我们对于英语的了解也越来越多,如今,我们的学校里都有英语教室,硬件设施也非常完善,我们要想更好地掌握英语,更好地进行跨文化交流,就必须了解英语相关的文化知识。

二、培养学生跨文化的学习习惯

(1) 学习英语要从生活中的习惯用语开始。生活中的语言是一个国家文化的根基,通过习惯用语可以加深对其文化内涵的理解,有助于我们进行语言学习。这就是一个人的生活方式、兴趣、习俗,以及其他一些基本的常识。将它们与我们的母语进行对比,并找到它们之间的差异,能够增强我们的记忆力和理解力。例如,Where are you? 用我们的语言来说是"你在哪儿",而英语中的你,是 you 在句子的末尾,而哪儿 where 被放在了句子的开头,而且句子开头是要大写的。所以在英语中的语法排列和我们的语言是不同的。比如,Do you want some noodles? 在这个一般疑问句中,noodles 这一单词是复数,因为面条不是单一的,是很多根。Good luck!(祝你好运)good 是好的意思,luck 是运气,china 中国,chinese 中国的,是不是和我们的语言表示有很大不同? straight 直的,直线的,go straight on 直着走,kid 小孩,children 孩子们,同样的意思在英语中有不同的表示方法。比如,tomato 番茄,西红柿。potato 马铃薯,土豆。help 帮助,helping 正在帮忙。如 spring 春天,the Spring Festival 春节。通过比较、分类等方法,还能提高学生英语学习的兴趣,调动他们的学习热情。在说英语时,要有正确的发音,不快不慢地说,要有感情地说。英语的知识点非常多,在学习的过程中,一定要记好笔记,分好不同的提纲,记住不同的重点和难点,然后进行反复的复习,词汇是构成英语句子的基本单元,英语词汇多了,就能为以后的英语句型训练打下良好基础。

(2) 在英语句中,主、谓词的语法顺序与汉语语法的顺序是不一样的,任何一种语言都有其自身的难度,所以在学习英语语法时,要注意分析语法的特征,而不是照搬汉语语法,这是许多英语初学者的通病,只有多看、多听、多了解语法,才能掌握英语语法的要领。上面说过,英语中既有单数也有复数,面条,一根面条,都一样,但是在英语中,面是单数词，一碗面是复数词。在汉语里，我们可以通过辨认一、二、三、四声调来读清楚文章，英语里最基本的就是对音标的掌握。英语也有许多时态，如现在式、过去式、未来式、过去式等。就学习英语来说，要一步一步来，在这条路上，必须有足够的耐心，足够的努力，再加上正确的方法，才能有所收获，所以，不管是什么，都要坚持下去，不能中途放弃。而且，在学习新知识的时候，一定要把自己所学的内容温习一遍，否则，总会有遗漏的时候。在闲暇之余，多看英语相关的书，找出适合自己的学习方式，并做笔记，多与学生交流，交流心得，从而达到英语学习的目的。要把英语学好，必须有一个清晰的目标，这样才能激发并推动学习，每天都能取得一点点的进展，知识的学习是一个循序渐进的过程，没有什么捷径可走。

三、以文化为基础的英语教学

（1）为便于记忆，用汉语讲解英语词汇。初学者刚开始接触英语时，为了便于学生记住，往往会在开始的时候，用汉字来解释词汇的意义，以便于学习；另外，它还能帮助学生更好地了解，增强汉语和英语相互促进的学习效果。

（2）以汉语指导英语教学，各文化虽然各不相同，但都有其内在的联系，用汉语的方式可以使英语的知识更清楚，并在英语教学中增加一些趣味性，提高英语教学的兴致，所有的知识都是可以互相交换的，他们之间，有区别，也有联系，也有影响。因此，在英语教学中，我们可以充分发挥这一特性，让学生在英汉两种文化的交流中，达到相互提高、相互学习的目的。

（3）平时多听、多写、多说、多读英语书，还可以在周末或者节假日时，多看几部与英语相关的影片，多途径地学习英语，在课外作业中，安排一些与英语相关的文章，经常用学到的英语知识，与同学一起讨论一些趣闻逸事，这些都是英语学习的实际体现。在学员与学员间的交谈中，也可使用英语会话的方式，训练学员的英语口语发音、语速、灵活性及临场应变能力。

（4）英语的对比学习。有比较，就会有竞争。这一点同样适用于英语的学习。正如前面所说，英语与汉语在语法，单、复数表达，时态等方面都有很大的区别，如果能把汉语学好，就能把英语的热情调动起来。通过比较，我们可以发现在学习过程中存在的差异，以及需要特别关注的方面，从而提高我们的学习方式。平日里，可以选取一个段落，以英语的方式表达，训练英语的运用技巧，并提升英语的写作技巧。

（5）为学习英语而安排的汉语课程或教学材料。在英语的学习过程中，有其独到之处，为便于学习，我们可以将其中的一些难点、要点，用汉语的方式，编成一本书，以便让学生更好地学习，并能更好地巩固知识。

四、把英语的跨文化学习带到实践中

（1）在日常教学中，我们经常会向学生播放一些关于英语的本土影片，让他们更好地理解英语的历史、发展、生活习惯等。还有，可以安排学生去听课，参加英语方面的课程，提高学生的英语水平。在观看影片的时候，要留意英语词汇的发音，以及语法的使用，有时候，即使你的基本功很扎实，但是如果你的发音不标准，或者没有把握好语速，那也会让你一败涂地，因此，你在观看影片的时候，尤其要留意影片中的角色对白。

（2）利用学到的知识，在教师的指导下，就说英语国家，历史上发生的事情，发表自己的观点，并与正确的观点做比较，并在同学中进行讨论，这就是英语教学中的跨文化交际。通过这种方式，可以使学生对英语课程有更深层次的理解，从而产生更多的兴趣。

（3）组织一次对西方文化的模拟培训。在活动过程中，由主办方组织同学通过当地的文化，了解其他国家的文化在人物身上体现出来的性格、爱好、思维方式等方面的展示，在这个过程中，同学可以体会到在不同的文化背景下人们的个性特征，从而可以更好地了解跨文化的知识，并在不同的文化之间进行对比。

（4）从行为层面进行跨文化操练，提升个人素养。在对不同的文化有了深入了解之后，学生可以借鉴他们在跨国文化中拥有的优势，并与自己的文化素养相结合，对他们的优势和劣势进行分析，并从中吸取他们好的方面，以此来提高自己的文化素养。这对于跨文化交际来说，也是一个很大的提升。

（5）使同学在不同的文化背景下感受到不同文化背景下的优势。组织者可以自己创造一个类似于跨文化的情境，在这种情境中，可以设置一些小问题，让参与者利用跨文化的知识，在实践中完成任务，而组织者也可以适时地给出建议和帮助。

（6）如有必要，可开展实际的跨文化交际。这种观念应与现实相结合，在条件许可的情况下，实现跨文化的实质性交际。

跨文化交际是当今社会发展的必然趋势，将这种文化知识运用到英语教学中，只是这种交流方式的一种体现，而这种交际方式将会被更广泛地运用到更多的方面。在英语教学中倡导跨文化教学，能使学生对英语国家的人文历史、生活风俗等有更多认识，并能进行深入的探讨，从而增强学生对不同语言文化的理解，提升其文化素养。

我们是一个巨大的"地球村"，有着各种各样的民族，要想得到发展，要想进行交际，就必须提高自己的文化交流能力，而要想获得更多的知识，就必须提高自己的交际能力。只有不断地学习，才不会被淘汰，正所谓"技多不压身"，我们的社会，也需要一个全面的人，才能与时俱进。

第二节　跨文化交际能力与英语教学的融合

培养学生的英语应用能力，提高他们的跨文化交际能力，对于促进国家经济的发展，促进世界文化的交际与传播，都具有十分重要的意义。教师要想更好地培养和提高他们的跨文化交际能力，就必须选择适合他们的文化比较材料，灵活使用各种教学手段，积极构建跨文化交际的资源，并加强他们的实际操作，这样才能更好地培养和提高他们的跨文化交流能力，使他们能够为各国的文化交际、经济发展做出贡献。

一、课程设置增加跨文化交际的教学内容

跨文化交际的教学任务按照学习需要的不同，可以分为必修课程、后续课程和选修课程。首先，通过必修课的学习，使学生对西方各国的政治史、生活礼节等有了一定的认识，并掌握了一些基本的社会礼节[①]。其次，针对需要较强跨文化交际能力的学生，通过1~2个学期的持续学习，使其有较强的跨文化交际能力。另外，如果学生对跨文化交际没有太大的需求，那么他们也可以利用这门选修的课程来学习外国的一些基本知识。

二、改变传统教学方法，运用多种教学手段

首先，运用案例分析法，强调了两国文化间的差异。案例分析法可以让学生通过对案例的思考，也可以让学生了解在特定情境下，如何进行正确的跨文化交际。

其次，要创设交际情景。苏梅涓认为："老师要为学生创设一定的情景，使他们在情景中进行英语会话的训练，并在情景中作相应的回应，这样才能达到培养学生的跨文化交际和英语口语的目标和效果。"就像这个场景，一位同学在美国做东道主，另一位同学在做客。在演出中，同学们将会运用各种交流的语言及技巧，来邀请客人，招待客人，送别客人。学生在扮演嘉宾时，会运用到一些交流的语言和技能，比如，确认出席、感谢招待、告别等。情境教学法可以将每个教学任务置于一个特定的情境中，使学生在与现实情境相接近的语言情境中进行交际，从而产生更好的学习效果。

最后，要把跨文化的知识融入英语教学。王延雪提出，"在英语教学中，要注意培养学生的跨文化交际意识"。在英语教学中，教师应在英语的听力、听力、阅读、写作等方面，将跨文化交际知识有机地结合起来。英语口语、听力等课程的教学内容，可结合外国文化进行教学。

---

① 孔凡利. 跨文化交际能力培养对大学英语教学的隐性促进[J]. 黑龙江教师发展学院报，2022，41（12）：124-127.

三、教师教学和研究能力的提升

首先,教师要有足够的知识来学习跨文化交际课。教师可以到其他学校继续深造,如我校已有英语专业,也可以参加旁听班,并修完本班之所有科目。

其次,建立了跨文化交际的研究组。跨文化交际是一个多层面的问题,教师可以集中精力在工作场所和日常生活中的交际上进行研究。在进行跨文化交际研究的过程中,教师们可以相互学习、相互交际,不断地提高自己的科研能力和水平,从而为提高课堂教学效果、培养学生的跨文化交际能力提供了有力支撑。

四、跨文化交际资源的建设

首先,选择合适的教学材料,以提高学生的跨文化交际能力。刘余梅认为:"通过中西文化的对比,进行相互学习,形成双向的跨文化交际过程。"教科书的内容应包含中国的地理历史、政治经济、社会文化,以及主要的英语国家。第一,教师要使学生对中国的历史与文化有全面了解,从而使他们对中国有一种归属感。第二,教师也要告诉学生,在不同的国度,某一种文化是有差异的,并且要他们自己去想,去理解其中的原因,这样才能在交际中避免误会。

其次,成立一个短片小组,一起做一些跨文化交流的短片,然后在学校的网站上,或者在学习平台上发布。视频内容可作为教材的延伸与补充,也可作为一种独立的学习资源。短视频以其时间短、信息量大等特点,可以很好地满足学生的碎片化学习需要。

最后,通过移动终端的方式,实现学习资源的推送。教师建立了自己的"微信小组",搜集有关跨文化交际的资料,并在公共平台上发布给学生。在手机端,学习不会受到地理位置和时间的限制。与此同时,通过文字、图片、视频、音频等多种内容形式,可以激发学生的学习兴趣,也为学生提供了学习的便利。

五、学生实践和研究能力的培养

首先,对学生进行了一次跨文化交际的仿真实验。让学生在接近现实的交际情景中,体验交际方式的差异。就拿面试来说吧,受中国文化影响,中国人并不吹嘘自己有多大本事,相反,他们还很谦逊。而美国人则是在应聘的时候,会着重突出自己的才能,只有凭借自己的才能,才有可能得到雇主的青睐。如果他太过谦逊,只会给人一种他不够优秀的感觉。

其次,要培养学生进行跨文化交际的科研能力。教师要求学生对跨文化交流有兴趣的话题进行调查,并要求他们写一篇短文。学生可以通过查阅文献来获得大量的有关知识。在此基础上,通过整理、归纳、总结,使学生在写作过程中能更好地理解和提高自己的科研能力。

教师和学生在进行跨文化交际时，应加强教师和学生之间的合作。一方面，在英语课堂上，教师要不断地尝试新的教学方式，挖掘新的教学资源，把跨文化交际的相关知识与学生的专业技能相结合；另一方面，培养学生对跨文化交际的理解，使他们在未来的工作中更好地应用跨文化交际的能力。通过对跨文化交际能力的研究，可以使学生的语言技能、文化知识与交际能力有机地结合起来。在跨文化交际法的指导下，高校英语由单一的语言课转变为一门集语言、交际技能、外国文化于一体的综合性课，使学生在英语中获得更多的知识和技能。

第三节　跨文化交际教学中英语本土化的重构

一、跨文化交际教学中英语本土化的重构

随着我国对外开放的逐步加深，更多人、更多事物进入了我们的视线，这为我们与西方世界的交际提供了契机。我们能更好地了解西方社会，这是个好消息，但也不容易。在进行跨文化交际的时候，我们会面对许多不同的文化，不同的生活方式，不同的思维方式，不同的人，导致在交际的过程中，会产生本土化、颠倒身份的现象。要想解决这一问题，就要求交际者有一个清晰的认知，不仅要准确地把握自己国家的语言交际规范，还要对自己国家的语言交际的文化习惯以及它形成的社会文化背景有一个全面了解，只有这样，才能使自己的交际得以成功进行，而不会引起文化冲突。为此，高校英语教师必须在英语教学过程中重新构建自己的本土化身份，从而使学生成为能够以中国人的身份恰当、流利地使用英语，并且能够进行国际交际和协作的高质量的、跨文化的、高水平的、有能力的、有文化背景的人。

（一）英语本土化身份的必要性

英语的中国化能适应中国对外交际的需要。英语既是一种交际的工具，又是一种跨文化交际的媒介，它被来自不同国家和文化背景的人们广泛应用[1]。现在，英语不仅是英国人和美国人的专有语言，而且在世界各地都有很多种方式在说。换句话说，中国人学习英语并不仅是为了与英国人、美国人交际，而且是为了与其他国家的人交际。在这种情形下，美国英语或英国英语都不合适，不仅言行令人生疑，而且容易得罪人。从目前的形势来看，无论是美国英语还是英国英语，都不再是一种占主导地位的语言，而我们也同样可以用适合自己的语言来表达。其实，英语只是一种工具，一种用来向外国朋友表达自己的

---

[1] 于华. 跨文化视域下的大学英语"课程思政"教学[J]. 湖北开放职业学院学报，2022，35（22）：106－108.

看法，宣传本国文化的工具，而外国朋友却不会把注意力放在这种工具上，而只会把注意力集中在我们的看法和引进的文化上。英语是一种国际性的语言，它能满足人们对语言的理解力，但由于语言的差异，它又能保留语言与文化的差异，从而维护语言与文化之间的差异。当一个人在进行国际交际时，他会使用英语来表达自己的意见，但更多的还是他代表的民族，本土化的英语是他代表的国家。

中国化英语为我们所用，维护了民族的尊严。在进行国际交际时，使用英语，不但可以保留我们国家的价值观念和文化特性，而且可以保护我们国家的独立性和自尊心。语言不仅仅是一种工具，更是一种用于交际的工具。语言作为一种载体，其表达的是一种文化特性、政治内涵、价值观念等。当一个人对一种语言产生盲目崇拜的时候，他就会在潜意识中被那种语言体现出来的价值所影响，从而产生一种认同。但我们也不想看到我们的学生因为追求纯粹的英语而改变自己的价值观念。

（二）跨文化视角下重构英语本土化身份的策略

增加中国化英语的表达，培养本土化英语表达意识。在高校英语教学过程中，教师在传递知识和进行交际时，不应使用太多的美国英语和英国英语，而应尽量使学生接触到当地英语，特别是汉语英语，以帮助学生在国际交际中获得成功。在课堂上，教师可以多组织学生进行听力训练，利用人物的对话，让学生对各种口音以及各种不同的语言表达习惯等有更多了解，并让学生亲身体会到他们所处的环境，从而对他们之间的语音差异及习惯有更多了解。另外，教师也要鼓励学生在口头上多说几句话，并不一定要用英国英语或者美式英语。随着英语在全球范围内的发展，本地化是不可避免的，因此，学习者在说英语时也就具有了本地语言的特征。教师应鼓励学生多运用英语的各种变化，更好地表达中国特有的东西，这样就能增加他们的文化底蕴，使他们能够灵活地运用中文英语，同时还能增强他们对英语本地化的认识。

（1）教学方法。在英语教学方面，要充分挖掘中国大学生的语言特征，并在此基础上，通过多种方式，使其更好地适应学生的实际需要。比较法是英语教师一种很好的方法，它可以把中国文化融入英语教学，并且对教学内容进行合理的安排，从而比较中西文化之间的不同。通过这种方式，可以使学生对自己国家和其他国家的文化有更深层次的认识。在教学过程中，教师可以让学生在不违背英语语法的情况下，用英语来表述一些有中国特点的东西。

（2）教学目的。英语教学的目标，不只是为了让别人明白自己想要传达的信息，更重要的是要让别人能听懂的语言来了解己方所要表达的意思和文化。不同的人在不同的文化背景下，会产生不同的情感，不同的信念，不同的行为技能。跨文化交际不仅限于对交际对象的了解，更重要的是要与交际对象进行文化分享，并对其进行文化影响。一个能够流利地使用英语交流的人，并不意味着他就是一个成功的交际人士，他至少需要在不同的文化之间进行交际。比如，有些长期生活在国外的中国人，虽然英汉双语都很流利，但他们回国后，发现自己和中国人格格不入，这是因为他们缺乏对中国文化的理解，只有语言上的技巧。因此，高校英语教学应摆脱"一路向西"的陈规，更多地站在本国的立场上，使英语更具有本土性。

（3）教材内容。以英语教材为例，在教学内容选择上，应遵循规范、适度等原则。传统英语教科书，开卷是英美风土人情，闭卷是美英故事，里里外外、自始至终都充满了异域情调，以中国社会和文化的英语文本为蓝本，以中国官方媒体英语为蓝本。长时间使用这样的教科书，学生会变成外国人，但会失去自己。因此，我们在选择教材时，不仅要考虑到目标语言的文化，更要考虑到学习者自己的文化。我们一般把中西文化视为一个有机的整体，在教科书中，中国文化只占很小的一部分，英语文化则是其中的一个重要组成部分。总之，英语教科书的内容应该满足如下几个方面的要求：第一，它是一种以英语为母语的文化素材，它的内容应该是以英语学习者自己的文化为基础的；第二，是译文中涉及的语言文化，应该把英语国家的文化作为译文中涉及的内容；第三，是国际目标语的文化资料，应该以英语以外的其他国家的文化资料为主体。英语教科书不但要体现英美两种文化，而且要体现世界上最先进的文化，这里面还包含了中华文化，从琴棋书画，到诗词歌赋，再到中国古典艺术，再到著名的典故，这些都是英语教科书的素材。

英语在我们国家得到了广泛的应用，中国的语言和文化正逐步渗入英语，从而使得英语中的表述也具有了很强的中国特点，使英语的内容更加丰富。当前，我们国家急需一种通用语言，在英语国际化、本土化的趋势下，英语必将在世界范围内引起更多人的注意。因此，在高校英语教学过程中，教师要关注英语在不同文化和不同语言背景下的运用与发展，做到对国际英语进行本土化，创造出具有明显国际化特征的新的英语教学模式。因此，我们必须加速英语教学改革，以培养学生的英语运用和跨文化交际的能力为目标，通过对英语的学习，实现英语的本土化，才能使英语的学习质量得到提高。

二、培养学生跨文化意识的必要性

"文化"指的是"在人类社会发展的进程中，人类创造出来的一种物质和精神财富的总和"。在英语教学过程中，"文化"是指英语国家的历史、地理、风俗、生活方式和价值观念等方面的内容。国家新颁布的英语课程标准中也有明确规定，英语教学要在一定程度上拓宽学生的文化视野，培养学生的跨文化交际意识与能力。为什么要这样做呢？

（一）21世纪社会发展的需要

从某种意义上说，21世纪的地球越来越小，小得犹如一个村落。我们都是中国人，都是地球上的一分子。伴随着跨文化交际的越来越频繁，在快速提升外语的同时，加强世界意识和全球观念，了解整个世界，了解世界各国的文化，这已经成为每个行业、每个领域、每个群体面对的一项迫切的课题,这也是社会发展对我国的外语教学提出的新要求和新目标。

(二) 我国英语教学的需要

由于受到传统教育理念的严重影响,在知识教学与能力培养上走向知识传授的极端,强调"语法"的学习,而忽略了"能力"的培养,从而造成了学生英语综合应用能力的下降。这与我国长期以来将英语教学定位为"知识"的过程,而忽略了如何培养学生的跨文化意识,如何将英语知识转变成交际的技能有关。为此,在英语新课改中,在初中阶段提出了"理解不同文化的差异",在高中阶段则提出了"提高对不同文化尤其是英语国家的认识",目的是弥补对不同文化尤其是英语国家的认识不足而造成的英语综合应用水平较低的缺陷。

(三) 语言本质的必然要求

语言是一种文化的载体,它的传播与教育离不开语言。所以,在英语教学过程中,文化观念的渗透是非常必要的。在学习与交际的过程中,要用文化来充实语言,用语言来体现文化的特征,只有把这两个方面结合起来,我们才能把英语教好,把英语学好。因此,在英语教学中,如何有效地进行跨文化交际是十分重要的。这样,既可以避免因文化差异造成的交际障碍,又可以让学生通过英语这个工具,汲取异域文化的精髓,在未来,也可以成为我们国家跨文化交际的"使者"。

(四) 人的生存及发展的必然需要

英语已经成为许多国际性的工作语言,资料显示,世界上85%的学术文章都是以英语出版和宣读的,各个领域的重要刊物也都是以英语出版的,同时,英语也是网络上使用最广泛的一种语言。加强对学生的跨文化意识的培养,提高他们的英语交际能力,无异于给每一位学生提供了一个良好的平台,为他们将来的生活提供了一个更广阔的空间。

三、培养学生跨文化意识的途径和方法

(一) 利用课堂介绍文化背景知识

当代英语教学具有两个显著特征:一是强调学生的交际能力;二是注重提高学生的阅读水平。这就要求我们把握好教材的切入点,使学生能够在阅读过程中融入文化背景知识,并在阅读过程中融入文化内涵。

(二) 课堂交际,使交际运用与文化学习相结合

要想增强学生的跨文化交际意识,培养他们的跨文化交际能力,最好办法就是让他们

置身于英国的语言和文化环境之中,这样既能让他们从理性上了解西方的文化,又能让他们通过与自己国家的文化的对比,来了解和理解西方的文化。因此,在课堂教学中,教师要为学生创造一种与真实生活相似的交际情境。

(三)大力加强对学生语言能力的训练,把跨文化意识的培养与语言能力的训练密切结合起来

从语言训练来说,教师可以从四项基本技能入手,把文化意识的培养与语言技能的训练相结合。

1. 阅读练习

让学生阅读一些简装本的外国名著,比如说,*Jane Eyre*,*Gone with the Wine*,*Three Men in a Boat* 等,给学生直观的感受。读经典作品,既能激发学生对英语的兴趣,也能使他们对英语国家的风土人情、待人接物的风俗习惯等有更深层次的理解,并能使他们对自己的文化有更深认识。除此之外,还可以对学生进行更多的阅读理解方面的培训,这样不仅能提高学生的阅读速度和词汇量,还能培养他们的文化意识,可以说是一箭双雕。

2. 听力练习

如今网络技术十分发达,教师可以在网络上使用的教材很多,有些教材更是时代性很强,教师可以从网络上下载听写,也可以购买英语录音,让学生听,这样不仅能锻炼他们的听力,而且能让他们感受到外国的文化。

3. 写作练习

在英语教学过程中,教师应该自觉地加强对中西方文化的对比,把中西方文化在称呼语、问候语、感谢语、谦虚语、赞扬语、关怀语、谈话主题等方面的不同在课堂上很自然地渗透出来的,这样就可以把它们运用到自己的作品中去,达到学以致用的目的。

4. 口语练习

教师可以通过举办英语角、举办英语晚会、排练英语短剧,创造出各种不同的、相对逼真的语言情境,让学生有一种置身其中的感受,从而增强他们的文化知识在实践中的应用。

四、培养学生跨文化意识应注意的问题

(一)注意实用性

英语教学要与英语课程标准相结合,不能光说不练,要教给学生怎样用英语来表达自己的关切,怎样去拜访他人,怎样回答他人的称赞,怎样去解决现实生活中遇到的问题。

（二）注意阶段性

在英语学习初期，由于英语学习者的词汇量和语言表达能力都比较弱，因此，在英语学习过程中，教师要注重向他们传授一些基本的、常用的语言。例如，在教学过程中，教学生英美文化中要去看望别人，通常要用一定的方法，比如打电话、见面等，提前通知被看望者，并约定见面的时间、地点等。而在中国，一般来说，熟人、朋友间的往来，一般都不会提前打个招呼。在教育的过程中，学生的能力也会随之提升，而到了中高级阶段，在教育过程中，要注重向学生传授更深层次的跨文化交际知识，比如价值观念、宗教信仰等。

（三）注重增加背景知识

在教学过程中，教师会在教材中加入一些与教材内容有关的背景知识，这不仅会提升学生学习的兴趣和好奇心，也会加深他们对教材的了解。例如，在这一篇文章里，我们可以用肢体语言来介绍一下，如中国人跺脚是愤怒的表现，美国人跺脚是不耐烦的表现。

（四）改变思维方式

在跨文化交际中，人们的思维模式起着重要作用。由于中西文化的差异，人们在交际中经常会遇到障碍，从而影响交际的效果，甚至产生误会。在英语教学过程中，教师不仅要注重语言知识的传授，更要注重文化知识的渗透，还要关注不同文化之间的差异及其对语言学习产生的影响，从而指导学生在生活中正确地使用语言。在英语教学过程中，如何提高学生的跨文化交际能力，是一件非常困难的事情，也是一件非常迫切的事情。为此，我们要加强专业学习，拓宽知识领域，发挥领导作用，抓住新的机会，应对新的挑战，为21世纪培养合格的人才做出不懈努力。

第四章　基于跨文化交际的大学英语教学模式

第一节　外语教学法演变历程

外语教学法经历了以翻译法、直接法、听说法、认知法、交际法为里程碑的五个重要发展阶段。前四种教学方法都是以传授语言知识和训练语言技能为主要目标，尽管外语教材和教学过程中都充斥着对语言学习有影响的文化因素，但是没有引起外语教师和研究者的重视。直到语言交际能力理论提出，交际教学法产生，才使外语教育界的学者视野开阔起来，并迅速认识到文化因素在语言教学中的重要作用。因此，对跨文化语言的研究也随之展开。翻译法用于教授拉丁语有近千年的历史，直接法是完全针对翻译法的弊端提出的，它是19世纪下半叶始于西欧的外语教学改革运动的产物。第二次世界大战以后，英语教育已经形成了一种新的学科，而且这种学科的发展速度非常快，出现了许多不同的学派。听说法的兴起，无论是在理论上还是在实践中，都对以翻译、背诵语法规则、孤立地记忆词汇为目的的翻译法进行了猛烈的抨击。与此同时，它还对没有将学生母语在外语学习过程中起到的影响因素进行了批判，因此，它构建了一个以句型操练为核心，通过反复的机械模仿，形成了一种自动化的习惯的教学法。20世纪五六十年代后期，乔姆斯基的转化生成语言学提出了"语言能力"与"语言使用"的概念，并对"听"这一概念做了一定的批评。他认为，人有与生俱来的语言学习天赋，大脑也有与生俱来的学习机制，并有与生俱来的语言学习能力。作为人类内在的一种潜藏的构造，语言可以用来产生无数的语句，这些语句是人类以前从来没有遇到过的，而且这些语句中有许多是根据一组语言规则产生的。海姆斯是以乔姆斯基的"语言能力"与"语言使用"理论为依据而创立语言交际能力[1]。因此，社会语言学和心理语言学认为语言是交际的工具；认为语言行为、语言活动是人类交际的需要；将语言运用能力视为交际能力；将交际功能视为语言功能的一个重要标志；在实际生活中运用语言，并在实践中运用语言来提高学生运用语言的能力。在社会语言学的研究中，语言被看作一种社会现象，是人类进行思想交流的手段。由于语言的构造及运用都是与人的社会生活密切相关的，对语意的把握远比对语言构造的把握要重要得多。以皮亚杰为首的一批认知心理学家，他们对创造性思考能力在学习过程中扮演的角

---

[1] 李海洁.大学英语教学中的文化教学与跨文化能力的培养研究[J].品位·经典，2022（21）：143−145.

色的重视，再次对"听说法"这个概念提出了质疑。听说法是一种以语言为中心，以语言形式、句式为中心的教学方法，但忽视了口语活动所处的环境，使其成为一种单调乏味的机械练习。在听说法失去了地位之后，以转换生成语法、社会语言学、心理语言学、神经心理学等理论为基础，与听说法相对的各类教学方法流派，就像雨后春笋一样，一个接一个地破土而出。例如，以情境为核心，以语言为整体，开展听说活动，将声音与形象结合起来的视听法；认识方法是一种认识和运用语言规则来生成句子，以提高人们的交际能力；以功能、意念为纲的功能法；运用直观的实物和图片等方法，加强学生的语言实践，减少教师解释活动中的"无声"现象；强调以学生为主体、强调小组合作、以教师为指导的辅导方法、以音乐熏陶为线索的暗示方法；听说读写并重，情境相结合；用肢体语言来辅助听力，用肢体语言来辅助听力，以及吸取各家所长的所谓折中法等。总的来说，世界上有 20 多个现代英语教学流派。本章主要阐述外语教学法史上，且在欧美和国内的外语教学界影响最大的五种主流教学法流派：翻译法（语法翻译法）、直接法、听说法、认知法和交际法（功能法）。

一、翻译法

将翻译法（translation method）应用于外语教学已有上千年的历史，但是，学者将其上升到理论的高度，并将其整理成为一套系统的、科学的教学法体系，是近百年来的事。

翻译法最初是一种教学方法，用来教希腊语和拉丁语这类死板的语言。两种古代语言，希腊语与拉丁语，深刻地影响着欧洲的文化。在中世纪之前，拉丁语被欧洲的教堂、学校用来进行国际交流、被学者用来写作。数百年后，西欧出现了一种新的民族语言，拉丁语已经不复存在，后来学习拉丁语和希腊语只是因为他们想要看一些古老的文献和科学著作。各学校教授希腊语和拉丁语的方法就是翻译法。到了 18 世纪和 19 世纪，英法两国都成了欧洲的强国，他们的语言也开始风行于欧洲。在国外，许多学校和教育组织都有英语、法语等科目。但是，由于在那个时代，语言学和应用语言学都还没有发展起来，人们并没有发现一种行之有效的方式来教这些外语。但是，人们本能地相信，在学习中，有一些东西是可以被用来教的，尤其是在提高阅读能力方面。所以作为权宜之计，各学校只好借用教授拉丁语和古希腊语的教学方法——翻译法。

翻译法是最早出现的一门外语教学法，因其所处的时代背景，产生了许多不同的叫法。按此方法在外语教学中的应用命名为"翻译法"；根据以语法为语言教学的基础定名为语法法（grammar method）或语法翻译法（grammar-translation method）；根据翻译法倡导者的姓氏定名为奥朗多弗氏法（Ollendorffs method）、雅科托氏法（Jacotot's method）；由于翻译法继承了拉丁语教学的传统，定名为传统法（traditional method）；为了与重视口、耳训练的新教学法相区别，翻译法还称为"古典法"（classical method）、"旧式法"（old method）。

译法中的别名虽多,称谓各异,但它们的含义是相同的。在外语教学中,翻译法将母语和外语都用作课堂语言来进行外语教学,它的基本教学原则是逐词直译课文内容,对语法、词汇知识进行讲解和巩固。翻译法是一个统称,按照其教学的侧重点,可以将其具体划分为以下四种方式:语法翻译法,词汇翻译法,翻译比较法,近代翻译法。

语法翻译法(grammar translation method)是一种将语法知识应用于语言教学的方法。章兼忠做了一个比较有权威性的论述:"此派主张,学一门外语,先学语法。这是因为,学习语法不仅可以帮助学生理解和翻译语言,而且可以锻炼学生的智力,培养他们的逻辑思维能力。这派的代表人物是德国语言学家奥朗多弗(Heinrich Ollendorff)。他提倡学习一门语言,首先要把语法的规律和例子牢牢记住。在此基础上,进一步加强对语法的理解和运用。他主张对外语文本的阅读和翻译必须基于对语法的理解。为了贯彻语法是外语教学的基础这一外语教学原则,在学完字母的发音和书写之后,开设系统的语法课。在学习了系统的语法知识后,再开始学习原文。本课程的主要内容是:①以词汇为主,句法为辅;②发现语法规律的方法主要有推演,将语法规律先传授给学生,再将例句翻译为自己的语言;③通过将母语的句子翻译为外国的方式,使教给我们的语法规则得到巩固。"

词汇翻译法(word translation method)主张利用内容连贯的课文进行语义分析和翻译的方法教授外语。这种方法和语法翻译法类似,都是为了提高学生的阅读水平。这种教学方式最具代表性的有雅科托(J. Jacotot)、英国的教育家哈米尔顿(James Hamilton)。前者是理论上的,而后者则是实践上的。他们不赞成单独学习抽象化的文法,提倡在文本中通过读、译等方法来提高词汇量和语法。通过词义转换,可以使学生更好地了解文本内容。词汇翻译是一种以"由知及不知"为教学原则,以语言为基本,以翻译为阐释、巩固语言的方法。词汇翻译法既提倡字面上的直译,又提倡规范的翻译。

尽管词汇翻译法提出了一些比较先进的外语教学法思想,它与语法翻译法相比,又向前迈进了一大步。但是,因为文本中的语言材料太过庞大,而且语法规则的安排非常随意,在文本中遇到什么语法规则就说什么语法规则,所以学生对所学的语言材料有很大的理解难度,只能死记硬背。这样的死记硬背,不仅效率低下,而且难以提高学生的阅读水平。

翻译比较法(translation-comparison method)是德国著名的外语教学法家马盖尔(K. Mager)最早倡导的。他根据翻译法的理论,对外语教学提出了若干新的指导思想。他主张在英语教学过程中,必须对两种语言做一种比较,并据此进行翻译。另外,马盖尔在语言教学中也非常注重语源学和语篇的衔接。同时,他还十分重视观察、分析、综合、归纳、演绎等思维活动。在他看来,这样的思考是学习外语的首要步骤。

马盖尔认为,掌握一门语言的能力,一定要和熟练程度相结合。他主张把所学的语言知识传授给学生,不要超出其实际应用能力。他提倡对语言材料的认识要从实际出发。马盖尔注重熟练,注重练习,因此,他对背诵给予了很高的评价。他认为,通过朗读可以让学生对所学的语言材料有更多的记忆，并能帮助他们更好地使用语言。马盖尔还指出，在英语教学中，应把词汇、语法和文本三者有机地结合起来。他认为，学习课文要重视语法、词汇的教学，而语法、词汇的教学又要对课文的理解起到促进作用。

马盖尔只是提出了几个关于教学的先进理念和原则，却没有给出具体的实施方案，而且与当时的教学实践相脱节，因此，他提倡的"翻译比较法"并没有被广泛地应用和推广，但是，他提出的教学理念在一定程度上促进了外语教学的发展。

近代翻译法（modem translation method）是发展成熟的翻译法。翻译法经过了长期的演变。一直到20世纪中期，才有了较多的研究成果，形成了较完整的翻译法理论体系。近代翻译法，有些人把它称作"译读法"，有些人则继续使用"语法翻译法"的名称，比如我们现在使用的。

近代翻译法理论主要有四条指导原则。

（1）把语音、语法和词汇的教学有机地结合起来。

（2）以读为先导，以读、翻译为重点，同时兼顾听力的训练。

（3）注重语法性，在语法性的指引下阅读和翻译文本。

（4）以母语为依托，将翻译作为教学的工具和目标。

近代翻译法在课堂上的讲授大致可分为四个阶段。

（1）解释文章的中心思想。

（2）解释所学的语言资料，分析文章的语言特点，并逐字翻译。

（3）符合原文意义的译文。

（4）对外文文本的直读。

正如之后的各种语言教学方法，翻译方法也有它的形成与发展的过程。从传统的语法、词法到近代的翻译法，再到现代的翻译法。这一演变的本质，就是翻译学从萌芽阶段走向成熟阶段，即翻译学在不断地克服缺陷，并逐步走向完美的过程。语法翻译法和词汇翻译法都是传统的翻译方法，它们都是最早使用的语言教学方法。如果没有经典的翻译法，就不会有后来各种各样的语言教学方法。总的来说，翻译法处于现代外语教学的萌芽阶段，其教学思想、教学原则和教学过程都还不够成熟，培养出来的人才在语言上的表现较差，在跨文化交际方面也存在不足。

二、直接法

直接法（direct method）是继翻译法后出现的最具影响力的一种外语教学方法。《朗文语言教学及应用语言学辞典》中对"直接法"的界定为，直接法是一种以下列说法为特征的外语或第二语言教学法：①在教室中仅用目标语授课；②要把语言与动作、客体、模仿、手势、情景等结合在一起，以直观的方式表现出意义；③阅读和写作要先说后写；④在教学中，只能采用"归纳法"教学，不能把语法传授给学生。19世纪后期，为了反对翻译法，人们提出了直接法。

"直接法"这个词第一次被用于 1901 年法国教育部门的一份文件中。直接法有许多名称，如改革法、反语法翻译法、现代法、口授法、自然法、归纳法、心理法等。直接法是最能体现本派特色的一种方法，因而得到了普遍使用。直接法的出现，恰逢欧美国家在 19 世纪后半叶资本主义兴盛之时。越来越多的国家间的商业往来和频繁的人口流动，已经成为一个国际性的现象。这一发展，完全打破了封建社会中各个国家的自我封闭，并形成了相互依存、相互依赖的密切关系。社会生产力的迅速发展，使货物日益充裕，为国际货物交流提供了便利；另外，要想在与其他国家的竞争中占得上风，就一定要把科技放在第一位，尽可能多地吸收其他国家的科技成果。在此背景下，外语已不仅是一门"磨砺心智，提升文化素养"的学科，更成为一种现实的社会需求。在众多的交流手段中，口头交流是最普遍、最直接、最快捷的交际手段，是人们进行国际交际的首要条件。

时代对外语教学提出了新的要求，而翻译法已不能适应英语教学的需要。这一突出的矛盾，正是直接法出现的社会根源。

翻译法最初是用来教欧洲贵族学古典语言（也就是古希腊文和古拉丁文）的一种古老方式。后来在学校里，也就有了这种教学方式。因为以往的希腊文、拉丁文等语言教学都是以教学为先，而不是以实际为先，因此，翻译法基本可以满足这一要求。

不过，活语言毕竟不同于死文字。在英语教学中，有其自身的规律。但是，翻译法并未体现出这一规律，有些地方甚至是与之相反的。其弊端主要表现在：一是强调对复杂的语言规律的机械记忆，给外语的学习带来了极大难度，给学生带来了沉重的负担；二是英语教学不利于学生的口头表达能力的提高。

翻译法不是以口语训练为主要的教学手段，更不是以掌握口语为主要的教学目标，因此，它已经不能适应新的社会需要，必须进行彻底的改革。当今社会急需一大批具有良好口语交际能力的英语专业人才。直接法的出现，一方面是为了适应现实的需求，另一方面是为了从本质上弥补翻译法的不足。

在 19 世纪末，由于语言学、心理学和教育学等学科的成就，使直接法的出现具有了客观的必然性和现实的可能性。当时在语言学理论方面较为有影响的代表人物是新语法流派的青年语法家保罗（H. Paul），他的著作《语言历史诸原则》对直接法产生了重大影响。他在书中提出的"类比"（analogy）概念强调了母语习得与外语学习之间的类比性和相似性，为直接法的核心原则——模仿、替换、重复等原则提供了语言学理论依据。

德国著名的心理学者冯特于 1874 年出版了《民族心理学》一书。他提出的许多语言心理学的思想与情感理论，都直接或间接地促成了"以口语为基础""以模仿为本"等外语教学方法。

在教育学领域，夸美纽斯（J. A. Comenius）、卢梭（JJ. Rousseau）、裴斯泰洛齐（J. R Pestalozzi）、第斯多惠（A. Diesterweg）等著名教育家提出了"教育适应自然"的教育思想。夸美纽斯在经典教学中，提出了"直观性""由易到难""由近及远""由简到繁""从已知到未知""从具体到抽象""从事实到结论"等一系列基本原则。这些教育学家的思想和原则为直接法的基本原理的形成提供了依据。

19世纪80年代，以德国和法国为代表的资本主义国家为中心，掀起了一场轰轰烈烈的英语教育变革，这场变革在欧美两国英语教育界掀起了长达五十多年的风潮。这一时期，外语教育界的学术思潮十分活跃，有关直接法的学术组织、期刊如雨后春笋般涌现。直接法学在世界范围内已举办过6届国际研讨会，为各国教育界所关注。德国、法国、俄罗斯和日本都曾经将其作为一种法定的教学方法。

直接法的基本原理来源于"幼儿学语"类比成人学外语而派生出来的。"幼儿学语"是一个儿童自然地掌握自己语言的一个基础过程，也就是他们能在短时间内掌握自己的语言，高效率、纯正、自然、很容易地掌握自己的语言。

直接法家认为，以古法翻译法教学生的语言，虽然付出了很大的努力，效果却不大，尤其是在口头语言上。他们将其归结为翻译法违背了幼儿学语的自然法则，因而导致了教学失败。因此，他们确信按幼儿学语的规律教成人外语，效果一定很好。直接法的主要教学原则如下。

（1）直接联系原则。在课堂上教的每一个外国词汇，都应该是与其表达的东西和表达的意思有直接关系。为了防止母语对语言的影响，教师在教学中不能插手所学词汇的内容和意义。即使是在课堂上，我们也不能把翻译当作一种教学工具，否则只会培养学生对"心译"的依赖性，从而降低口语交流的效率。"直接联系"原理是消除"干扰"的一种行之有效的方法，也是一种对学习者在目标语言中进行思维训练的一种方法。

（2）句本位原则。在那个时候，语言学家从儿童学习母语的过程中认识到，学习语言应该是一种整句的方式，而不是先将单音、字母、单词和语法孤立地学会，然后再去将它们拼凑在一起。所以，在教学外语时，也应该把语言作为一个整体，学习整句，使用整句。学习者在学习到一定数目的句型之后，能够根据交际要求，运用"类比""替换"等方法来构建新的句型。

（3）以模仿为主原则。幼儿在学习语言时，都是通过模仿别人的语言来学习自己的语言的。语法的规律不能被教授，必须由学生自己去总结。所以，在英语教学中，更应该注重模仿，注重练习，而把语言知识放在第二位。

（4）语法归纳教学原则。幼儿学习语言的次序是在学校之前学习语言，然后在学校之后学习阅读和语法。在此基础上，我们提出了一种新的教学方法，即在学习过程中，我们要先让学生对语言材料有更多的了解，然后才能教授他们语法的基本原理。幼儿在学习语言的时候，会学习自己语言的语法结构（而非课本上的语法规则）。这样的结构是一种语言的基本框架。所以，直接法学家主张，语言的学习必须集中精力（而不是死板地记住语言的语法结构）。在一本好的直接法初等教科书中，编者对每一项都进行了仔细的编排。

很多教材只是着重强调了一两个重要的语法结构,要求学生真正掌握。

(5)以口语为基础原则。幼儿都是从说话开始的。读书写字,那是进了学校之后的事情了。学会说是学会写的基本条件。在此基础上,提出了一种以语言为起点的教学方法。"直接法"教学主张在英语学习的基础上,以"说"为主要内容。

(6)将现代通用语言作为教科书的基本内容。幼儿学习的是当时的通用语,是生动的口头语,而不是那些晦涩难懂的文字和"死语言"。所以,直接法主张在教学过程中,也要把现代通用语言——"活语言"作为教科书的基础,而不能按照语法翻译的方法,要把古典著作作为教科书的基础。儿童学习的语言只是一种有限的语言材料,如有限的音素和语调、常用的词汇、成语和语法结构。从这一认识出发,直接法主张外语教材的内容应该是精选的最常用的单词、句式和篇章结构,而学生的任务就是掌握这些精选的语言材料。

在外语教学法史上直接法功不可没。直接法的贡献是巨大的。直接法的出现,标志着外语教育学进入了一个新的时代,外语教学法的理论和方法得到了前所未有的发展。直接法的出现使经典翻译法与其对立。直接法是对经典翻译法缺陷的一种攻击,它在一定程度上促进了经典翻译法的发展与现代化。直接法在"活语言"教学中,尤其在提高学生的口头表达能力上,收到了很好的效果。直接法强调声韵调的教学,这也是推动声韵调理论发展的一个重要因素。直接法重语音教学,这一事实是推进理论语音学发展的动力之一。直接法作为改革法,为以后的听说法、视听法、功能法、自觉实践法等改革法流派开创了先河。

当然,这种方法也有它的缺点,大致可以归纳为六个方面。

(1)强调经验,忽视人的自觉意识。

(2)消极看待母语对外语教学的作用。

(3)强调幼儿习得母语与成人获得外语的相似之处,而忽视了两者的不同之处。

(4)强调对语言能力的培养,忽视了对智能的培养。

(5)过分强调学生的口语能力,忽视了语言和文化素养。

(6)语言教学中忽视了文化因素,导致了学生的跨文化交际技能的缺失。

三、听说法

听说法(audio-lingual method)最早出现在美国,后来风靡欧美国家,成为欧美的外语或第二语言教学的教学手段。它的特点是:①先教听、说,然后再教阅读、写作;②运用对话和操练;③不赞成在教室里使用本族语言;④经常运用比较分析法。

听说法与直接法的不同之处在于,听说法是指教导本国人民学习一门外语的一种方式;直接法是指如何教授外国人他们的母语。教学法学的学者和语言教师也为听、说、读、写方法取了许多别称。比如,因为听说教学是建立在结构主义的语言之上的,所以,这种教学方法就叫作"结构法"。由于军队采用听说法培训大批派往国外的军人的外语,它又被称为"军队教学法"。尽管教育者对"听"与"说"的定义各不相同,但其本质是一样的。虽然教学法家和语言教师给听说法起了不同的名称,但该教学法的实质内容是相同的。不管"听"和"说"是什么,"听"和"说"都是训练学生说英语能力的一套教学方法。在英语教学中,运用听说法,从提纲、教材的编写,到教学方法、技巧的使用,都要按照教学法家确立的原则,也就是在教学理论的指导下,在整个英语教学中发挥作用。

(一)听说法产生的背景

听说法产生于二战期间,是美国发展起来的一种外语教学方法。美国在二战前实行的是"语言孤立主义"政策,造成了它在外语教育方面的严重滞后。教育主管部门对外语的关注不够,没有向学校提供关于外语教学的具体要求;即便有一些学校提供了外语课程,但也只提供了少量的语言,而且学习时间很短;英语教学以提高学生的阅读水平为目的,而英语课堂教学则偏重读,而忽视了说;教学方式陈旧,在英语课上使用的都是翻译法,教师花费了大量的时间来解释语法,并将一种语言翻译成自己的语言。美国社会上存在着"语言孤立主义"现象,这一现象使外语专业人才严重短缺。

早在20世纪40年代初期,美国就认识到,美国的外语教育相对滞后,外语人才匮乏,这与其在世界上的霸主地位很不相符,因此,对其进行了一系列的外语教育改革。教育部组织了一个由结构主义语言学家组成的小组,对《集中语言教学方案》(ASTP)进行了研究和编制。布龙尔德、特雷格,都参与了这一计划的制订与执行。

美国各大学、各语言专业院校,在较短的时间里,为军队培养了一大批掌握外语专业人才,以适应占领军的作战需求。在这一时期,外语教育呈现出两个主要特征。

(1)集中时间教学。集中化教学的本质是快速的,学习时间很短,班级规模很小,口语训练强度很大,而且由目标语言的"当地人"(informant)来教授外语。

(2)运用听说相结合的方法进行教学。高校、外教机构按照听说法中规定的原则,在英语教学中不断地进行着,并在此过程中不断地积累着大量的经验与资料,使得"听说法"逐渐趋于完善。

因为在第二次世界大战期间,听说法为美军的外语训练做出了杰出贡献,并且展现出了翻译法和直接法不具有的诸多优势。所以,在战争结束之后,很多语言训练机构和学校都试图将听说法这在一战时的外语教学方法应用到学校的日常外语教学中,并且都获得了很好的效果。以此为依据,不少学者、科研单位也就听说法方面进行了探讨。经过一系列的研讨,在外语教学中已形成一种共识,那就是逐步摒弃陈旧的语法,而更多地使用听说法。

从那时起听说法得到了极大的发展,并迅速传遍了欧洲乃至世界各地。

(二)听说法的理论基础

听说法是继翻译法和直接法之后,又一种具有系统化理论依据的外语教学方法。它的语言理论以美国的结构主义语言为依据，而它的心理学基础则以行为主义心理为依据。

美国的结构主义语言学家首先对没有文字的印第安人的口语语言进行了研究。它们在处理语言问题上与传统语言有着根本性的区别。他们把印第安人所说的一切原原本本地记录下来，再加以客观地描述、分析，所以又被称为"叙述语言学"。他们认为，口语作为一种主要的语言形式，应该是学习语言的主体。学外语，就是要学会在目标国家中"当地人"说什么，不要去学教科书中的那些规范表达。口语教学材料应以"当地人"讲的为母语，而外语教师作为母语教学人员则应以他们的母语为母语。

美国结构主义语言学者布龙菲尔德、弗里斯等对外语听说法的产生与发展做出了巨大贡献。布龙菲尔德在其著作《语言论》中提出了"听说法"这一具有代表性的结构主义语言学著作，并对其进行了深入的研究。《语言论》中提出的某些观点，在美国后来的外语教育中也有了很大发展。弗里斯在语言教育方面，更多地采用了直接和实用的方法，从理论和实践上进行了探索。弗里斯的观点与其他结构主义语言学家的观点截然相反，他的观点与结构主义语言理论密切相关。他的一生都致力于将结构主义理论应用于外语教学的实践。他写的著作包括《作为外语的英语教学》（*Teaching English as Foreign Language*）、《英语结构》（*The Structure of English*）、《口语法》（*On Oral Approach*）等。

行为主义心理学的创始人是华生（J. B. Watson）。他通过对人和动物的行为进行研究发现了一个共同规律，刺激和反应，并提出了著名的行为主义心理学的公式：刺激—反应，S—R（stimulus—response）。

斯金纳（B. F. Skinner）在华生的行为主义基础上发展了"新行为主义"。他在对动物和人类的学习行为进行了研究之后，把学习过程归结为：刺激—反应—强化，S—r—s—R。他得出的结论是：在教学的过程中，通过对学习者的某些行为进行积极的强化，可以使学生养成一些习惯。听说法的心理理论正是建立在"新行为主义"的理论之上。

结构主义语言学家认为，语言是高度结构化的体系，人们将自己的母语掌握到高度自动化的程度，当他们与人交往时，并没有意识到自己话语中的语言结构（语音、词汇、语法），任何结构都是脱口而出。因此，听说法的拥护者认为："学习外语也应该让学生学会不自觉地运用所学外语的语言结构，能把所学外语的语音、词汇、语法变成新的语言习惯。一个新的习惯，需要不断地模仿，不断地练习。"

（三）听说法的教学理论

到了 20 世纪 60 年代，英语听说教学的理念逐渐形成。美国的结构主义语言学者从多个视角总结了听说法的基本原理，主要有如下几个方面。

（1）听说的培训优先。语言是一个由语音和文字构成的体系。听和说是相辅相成的，阅读和写作是相辅相成的。可见，口头语言为首要，书面语言为次要。良好的听说训练，有助于提高学生的阅读和写作能力。所以，在英语教学中，必须以听说为先。我们要花大量时间进行听说的训练。

（2）一遍又一遍地练习，直至成为一种习惯。语言习得是语言学习的一个重要环节。一种语言的学习，就像一种母语的学习，需要通过不断地模仿，不断地练习，最终形成一种新的语言习惯。

（3）重点突出句式结构。结构主义语言学家认为，尽管语言的层次很多，但是在人类的交流中，最根本的依然是句式。因此，在英语教学中，必须建立在句型的基础上。在英语教学中，无论从语料的选取，还是从语用能力的培养，都应注重句式的运用。

（4）对母语的排他性和局限性。结构主义的语言学家不赞成在外语教学中运用母语来表达，尤其不赞成通过翻译来解释词汇的意义。他们认为，翻译是一项具有两种语言背景的特殊的心理活动，在这个过程中，学生的脑海中无时无刻不存在着两种语言之间的联系，而且母语很可能会影响到外语。因而，他们提倡通过语境来对学习的语言进行直接的解释，从而对自己的语言进行排除和限制。

（5）比较两种语言的结构，找出两种语言的不同之处。结构主义语言学以系统地描述和分析语言为特征。结构主义语言学家认为，一方面，在语言学习过程中，应从两个角度对语言结构进行比较分析；另一方面，在教学中，既要注意母语和目标语的结构，又要注意目标语的内部结构。在外语学习过程中，常常会出现以母语为单位，而不是以目标语来替代母语，从而导致了语言的负迁移。在此基础上，通过对两种语言的比较，明确两种语言的教学难度。

（6）在使用外语时，要及时改正错误，养成良好的外语使用习惯。结构主义语言学家把第二语言的学习看成是一个刺激—反馈的过程，即形成新的语言习惯。教师只需要给学生以恰当的激励，就可以确保学生做恰当的回应。所以，在指导学生进行模仿和操练时，要注意对学生所犯的错误进行及时的改正，这样才能培养学生良好的学习习惯。

（7）推广应用现代化教学方法。运用电影、录音和幻灯等现代科技手段，按照"刺激—反应—强化"的原则，建立了一套完整的电化教学系统。

（四）听说法的教学过程

听说法是一种比较严格的外语教学方法，它的教学思想与原理始终贯穿整个教学活动之中。听说法家从不同的角度探讨了教学程序，他们对教学过程有各自的见解。美国布朗大学的特瓦德尔科学地分析，归纳了五个步骤。他的理论为听说法家和教师所采纳。以下是听说法的五大步骤。

（1）认知（recognition）。通过使用实物、模型、图片等辅助工具，教师将语言信号传递给学生，让学生将接收到的语言信号与实物相结合，也就是将言语与其表达的含义相结合。

（2）模仿（imitation）。在一门语言的初始阶段，教师扮演着重复演示的角色，而学生则扮演着正确模仿的角色。因为初学者的判断力较弱,所以,教师应该对学生的错误有很高的敏感度,一旦发现,立即改正。

(3) 重复(repetition)。要想把所学的东西牢牢地记在脑子里,就必须让学生通过反复练习、模仿练习,直至能背会。

(4) 变换(variation)。在进行模仿记忆训练后,可能已经将所学的内容牢牢地记在心中,但是并不能运用自如。要使学生灵活运用,应从改变句型开始。

(5) 选择(selection)。让学生从已学过的语言材料中挑选出一些单词、短语和句型,用来描述特定的场面、情景或叙述一个事件。这类练习能培养学生的语言综合运用能力。

以上只是听说法的五个基本教学步骤,教师可以在具体的教学方法中,结合自己的学习方法,并不能绝对地将其应用。

听说法是一种历史发展的结果,它的历史贡献在于培养出了一大批适应社会需求的外语口语人才。"听说法"在外语教学中的应用,使外语教学产生了深远的影响。20世纪60年代,听说法得到了很大的发展,并在国际上享有很高的声誉,一度成为语言教育界的主流。

当然,听说法也不是完美无缺的,它有四个主要的缺点:①过于注重机械性的操练和死记硬背,而忽略了对语言能力和交际能力的培养;②偏重形式,而忽略了内涵和含义;③对口头语的偏重,对书面语的轻视;④忽视了文化因素的影响,造成了学生的跨文化交际技能的欠缺。

到了60年代的后期,乔姆斯基(R Chomsky)的转换生成语言学和皮亚杰(Piaget)、卡鲁尔(J. B. Carrol)的认知心理学已成为语言学与心理学界颇有影响的学派。社会语言学的兴起也为外语教学注入了新的活力。这两种观点都在向结构派、行为派等语言学派提出挑战。在这个时候,听说法遭到了攻击,并受到了质疑。近年来,人们不断地研究和开发新的语言教学方法,如认知法和交际法。

四、认知法

认知法(cognitive approach)是一套将认知心理学原理应用到外语教学中去的教学方法。语言教学的专家还把这种认识方法称为"认知—符号法"(cognitive-code approach)或"认知—符号学习理论"(cognitive-code learning theory)。认知教学法主张,在外语教学过程中,教师应该努力让学生的智力得到充分利用,注重学生对语言规律的理解,并培养他们的语言综合运用能力。在外语教学领域,这种方法被称为"经过改革的现代版语法翻译法"。

"认知"一词是从学习心理中衍生出来的。为了更好地理解"认知法",我们需要对"认知法"做一些必要的说明。在开始时,研究学说被划分为两个主要流派。一派是联结说,另一派是领悟说或称为"格式塔"(gestalt)。到了20世纪60年代,前者发展成行为主义，后者发展成认知学习理论。与"激励性—响应性学习"相对立的，是"认知学习"理论。"认知"这个术语最初是一种法定术语，承认父子关系的法律用语，随后被应用到了哲学中，它的含义也表示"认识"。但在心理学上，这一概念是全然不同的，有着其特殊的含义。心理学中的认识概念即为"知道"，"知道"是指感觉、记忆、想象等，构成了概念、判断、推理等各种意义。

关于"知道"的一系列问题的认知心理学。在这一理论体系中，有三个与学习有关的问题：第一，知识的本质是什么；第二，知识的获取方式；第三，在创新活动中对知识的应用。对这些问题进行研究的结果和结论就是认知学习理论。

认知心理学家十分关注智力活动对获取知识的积极影响。这种智力包括了知觉、理解力、逻辑思维等。将认知心理学原理运用到一门外语教学中，我们称为"认知法"。

（一）认知法产生的背景

20世纪60年代以来，随着世界经济、科技的飞速发展，世界范围内的文化交际也越来越多，各个国家都迫切需要更多更好的语言人才。曾经盛行于欧美国家的听说法，主要是为了提高学生的口头表达能力而进行的理论，现在已经出现了种种弊端，它培养出来的语言人才的不足之处也就凸显出来了。外语听说法无论从理论上还是从实际操作上都遭到了攻击与挑战。60年代中期，许多学者都认为，以听说法为主的教学法，已经不能满足目前的国际新情况。所以，对新的语言教学方法进行研究，是当前外语教育界的当务之急。在此背景下，许多教育家、心理学家和语言学家都在积极地探讨与研究外语教学方法。在这些人当中，最具影响力的当属美国心理学家卡鲁尔。他于1964年出版的《语法翻译法的现代形式》一书中，首次将"认知法"引入外语教学。从那时起，认知法就成了一种新兴的外语教学方法。卡鲁尔对听说法提出了异议，并力主用"认知—符号"的学习理论来代替行为主义的"刺激—反应"的学习理论，以此来修正听说法的教学体系。

（二）认知法的理论基础

20世纪60年代，欧美的教育学、心理学和语言学等学科得到了长足发展，并产生了许多不同的学派。基础研究领域的发展必将带动应用研究领域的发展。认知法是一门新兴的应用学科，认知法自然从上述学科中吸取对自己有益的理论。认知法的产生并非偶然，它有着深刻的理论依据。

20世纪60年代早期，著名的教育家、心理学家布鲁纳在美国政府支持下，发起并引领了一场教育变革运动。他在《课程论》《教学论》等著作中提出的"基本结构"理论和"发现法"对外语教学产生了深刻影响。

布鲁纳认为，无论哪一门课，教师都必须在讲授时，让学生了解这门课的基本架构（概念、原理、规律）。他认为，掌握了基本架构，对于教学有很大的益处：可以让学生较容易地了解所学科目的所有内容,并能长久地将所学的知识储存在记忆中,有利于多门学科的学习。

布鲁纳提出的"发现学习"(discovery learning)理论,是一种"以学者为中心"的教育思想。在教学过程中,教师的作用由"主角"变成"配角"。

布鲁纳认为,教育不应该只是简单地向学生灌输知识,而是应该通过诸如观察、分析、归纳等逻辑思维活动来引导学生获得知识,从而激发学生对知识的兴趣,增强学生的学习动力,提高学生的独立思考和解决问题的能力。

瑞士认知心理学家皮亚杰(Jean Piaget)提出的"发生认识论"动摇了行为主义的"刺激—反应"(S—R)学习理论。皮亚杰的学说主要涉及知识的形成和发展原理。皮亚杰认为,学习知识的活动是一种智慧活动,而智慧活动都具有认知结构。他修正了行为主义心理学的"刺激—反应"(S—R)公式,提出了著名的 S—(AT)—R 公式,即刺激(S)被个体同化(A)于认知结构(T)之中,然后做出反应(R)。发生认识论肯定了人的智慧,并断定人的行为是受认知结构支配的。

奥斯贝尔(D. P. Ausubd)提出了"有意义学习"(meaningful learning)。在奥斯贝尔看来,学习者可以分为两类:一类是机械性学习,另一类是有意义学习。机械性学习是指没有语境,没有理解力的学习。而有意义学习是基于认识的,也就是认知的。以对某一科目的基本观念、规律以及其内部关系的理解为特征。

机械式的"死记硬背"和"有意义学习"的不同之处,主要表现不在于记忆的开始阶段,而在于记忆保持时间的长短上。以手机号码为例,人们通常能迅速记忆一个电话号码,但是因为单独的记忆,以及在打电话之后不久又会迅速遗忘的干扰因素。如果将手机号码与城市、区域、街道的数字连在一起,不但很快就能记住,而且可以长久地保留下来。通过实例说明了在外语教学中,教师应该引导学生做有意义的练习,并在交流中加以运用。奥斯贝尔关于"有意义学习"的理论对于外语教学有着重要的指导作用。

20 世纪 60 年代中叶,随着语言学领域的重大进展,外语教学逐渐分为两个不同的派别。早期的听说法是一个习惯系统,是一个"刺激—反应"的过程;后来的"认识论"把语言看作一个由规律控制的系统,而语言的学习就是在规律的指导下进行的创造性活动。听说法是一种经验论的方法,而认知法是一种理性论的方法。

美国语言学家乔姆斯基提出的"转换—生成语法"理论,被称作"乔姆斯基革命",在美国乃至全世界都产生了巨大的影响。他的"语言习得机制"(language acquisition device)、"语言能力"(linguistic competence)、"语言行为"(linguistic performance)、"语言普遍现象"(linguistic universal)等理论,这些都是语言学上的重大突破,为外语教育的改革和认识奠定了坚实的理论基础。

乔姆斯基把每一种语言看作一种被规则所控制的系统;语言规则很少,但生成性很强;这些规则可以进行推理、转换,生成句子;人的语言学习不是一种机械的模仿和记忆，而是一种创造和活用的过程。所以，外语教学的成败，就是要使学生能够熟练地运用语言规律，并且能够根据这一规律创造出无穷的句子。掌握一种语言的规律有两种方式：一种是发现，另一种是创造活用。

发现规则固然是基础，但更重要的是要培养学生有创造性地运用规则的能力。从"直接法"到"听说法"，都提倡以幼儿为母语的"无意识"方式进行语言学习。与此相反的是认知法，它提倡自觉地学习。作为交流思维的工具，语言除了表达形式外，还具有语义，因此，认知法既关注语义的学习，又关注语义的训练。

（三）认知法的基本原则

认知法是建立在教育学、心理学和语言学等学科最新进展的基础上的；关注的是语言思春期（linguistic puberty），成人在语言怀旧阶段之后，在他们自己国家的背景下，在他们国家的语言环境下，学习一门外语的程序和规则；外语教学的目标就是要使学生具备与目标语国家相同的语言能力。认知法在总结以往外语教学实践的基础上，提出了要实现外语学习目标，必须遵守以下几条教学原则。

1. 外语教学要以学生为中心

以前的教育方式，只是教而不管学，顶多算是一种教的方式。不管是翻译法，还是直接法，抑或是听说法三种方法，都存在一个共同的问题，那就是忽略了对学习的对象——学生的研究。

认知法不同以往，从根本上改变了教育观念，把重点转移到对学生因素的研究上来。认知法强调首先要对"学生"进行深入的研究，其次才能对"教"进行深入的探讨，并认为在教学过程中，要充分发挥学生的主体作用。认知法强调"以学生为主体"，强调"让学生在实践中动手操作"，旨在提高他们的语言应用能力。认知主义的观点认为，语言的学习不应仅限于教室，而应向校外拓展，让学生在教师的引导下，通过自己的努力来提高自己的外语水平。所以，提高学生的自主性是教师的又一重要任务。

2. 在掌握语言知识和规则的基础上进行有意义的外语学习与操练

认知法把一门语言的学习看作一种创造性的语言活动。学生只有在掌握规则的基础上才能进行言语活动。人脑发育程度很高，学习外语不是刺激—反应动物型的学习（animal type learning），而是在理解规则的基础上通过大脑的逻辑推理创造性地活用语言的人类型学习（human type learning）。在这一原则下，外语教学必须先让学生了解所学习的语言规律；教师提供的语料要能使学生容易地在其中找到规律；教师应根据具体的语言环境及真实的语言环境，让学生练习语法。

3. 听、说、读、写齐头并进，全面发展

在处理听、说、读、写这四种语言能力之间的关系上，认知法和听说法之间存在着较大的差别。认知法则反对以听、说为主，提倡听、说、读、写的综合训练。

4. 利用母语

一切语言，不管是母语还是外语，都有一些共同之处，乔姆斯基把这一点称为"语言普遍现象"。成人通常是用他们的母语来学习一门外语。母语给学生带来了丰富的语言体验，使学生获得了丰富的知识和丰富的观念。只要有适当的指导，这些经验、知识和观念就可以转化为一门语言，从而使一门语言的学习成为可能，这被称为"正迁移现象"。所以，在外语教学中，恰当地使用母语，对学生学习有利。

5. 对错误进行分析和疏导

认知法理论认为，语言习得的过程包括三个阶段：假设—验证—纠正。在此过程中，学生难免会犯一些语言错误。如果教师采取有错必纠的态度，那么必然会打击学生的积极性，会在他们心中产生紧张感，从而对外语学习产生压制作用。因此，教师要对学生所犯的语言错误进行区分，那些对交流有很大影响的错误要及时纠正，但是由于疏忽、不熟练而造成的错误要适当进行疏导。只有在这种情况下，教师才能营造出一种轻松的气氛，激发学生的学习热情。

6. 广泛运用直观教具和电化教学手段，使外语教学情景化、交际化

在英语课堂上使用直观的教具、多媒体技术，可以帮助学生创设语言学习情境，从而达到更好的教学效果。

（四）对认知法的评价

认知法是与听说法相对而生的一种方法，因此，认知法一经提出，便引起了外语教育界的广泛关注。20世纪60年代中期，美国开始了一场关于认知法的实验工作。许多高校、中学都曾做过"认知法"与"听说法"两种教学方法的比较，结果显示"认知法"教学方法在各方面都有很好的表现。但是，认知法在我国的普及并不是一帆风顺的，有赞成的，也有反对的。而反对这一观点的人则认为，"认知法"是认知翻译法的又一次重复，故步自封。尽管它与翻译法在基本上是一样的，但是它吸收了当代教育学、心理学、语言学等领域的最新进展，克服了翻译法的偏激和片面性，使得外语教学更趋科学化，被称作"改革过的现代语法翻译法"。以心理学家为主的"认知法"的提倡者认为，该方法是以"认知学习"这一心理学理论为依据的，因此，该方法才能走上良性的发展之路。有些教育学学者认为，认知法与听说法两种教育方法各有千秋，不应该相互排斥，而应该取长补短。两者并非对立，而是并存。取长补短，将自己的长处发挥到极致。认知法出现后，并没有使听说法退出舞台，相比之下，两种方法都有可取之处，如听说法强调句型操练，培养语言习惯，认知法强调理解，主张有意义的学习和操练。在执行认知法时，往往会遇到翻译法的老毛病，加之缺乏文化教学，无疑会妨碍学生交际能力的培养，尤其是跨文化交际能

力的培养。

尽管这一方法起源于美国,但它主要是用来教授美国人的外语的,因此,这一方法也可以用来教授中国人学英语。

五、交际法

(一) 交际法的概念

交际法(communicative language teaching)是一种强调语言功能与意念的教学方法,旨在提高学生的交际能力(communicative competence)。语言教学法家通常将交际法称作"功能法"(Functional Approach),或者"功能—意念法"(Functional-notional Approach)。在此基础上,对语言的理解、学习的原则和语言的教学方法进行了探讨。

为何交际法被称作"功能—意念法"?语言的功能,就是人们在社交活动中表现出来的作用,也就是人们运用语言来描述事物、表达思想的作用。那就是,它是如何表现的,取决于表现的思想内容。例如,询问、请求、邀请、介绍、同意、拒绝、感谢、道歉、希望、恐惧等。因为交际法也是以"意念"为线索的,所以也被称为"意念法"(notional approach)。

意念是功能作用的对象,它是根据一定的交流需求和目的来确定所要表达的思想内容。要决定一个问题,就得问"谁"和"什么"。比如,他们的意见一致,他们的期望,他们的邀请,他们的歉意等。功能与意念这两大因素,在用语言记述事物、表达观念的交流中,是相互关联的。比如,你可以问一下邮局的方向:Is there a post office near here?询问是一种功能,而邮局及邻近地区则是一种意念。大部分的教育学研究者都认为,与"功能—意念法"相比较,采用"交际法"更能反映出学生对交际能力的掌握。

交际法克服了听说法的一些致命弱点,其特点是:交际能力是教学追求的最大目标;情景交际是语言交际的基础;句式练习属于辅助性练习;可以根据学员的需求,对语法进行说明,并提供相应的母语翻译;在听说的过程中,阅读和写作同时进行;在英语学习中,教师要重视学生的学习,培养学生的语言能力;在教学过程中,应根据交际的需求和学生的兴趣,确定教学次序。

(二) 交际法产生的背景

交际法是以英国为核心的西欧共同体各国为研究对象的教学方法。自20世纪70年代开始,世界各国在政治、经济、科技、文化等方面都取得了长足的进步,各国之间的交际也越来越多。西欧共同体是西欧国家之间在政治、军事、经济、科技、文化上的交际与合作的产物。随着西欧共同体成员的不断增加,其所用的语言也越来越多,语言障碍成为一个突出的问题。由于语言障碍,不同国家的委员会成员不能互相交际。语言阻碍了布鲁塞尔机制的正常运作，阻碍了西欧国家之间的交流。1978年，社区雇用了400多名全职翻译，从事9种外语的翻译工作。这相当于联合国、北约、经合组织、教科文组织，以及关贸总协定翻译人员总数的两倍还多。一次会议，9种语言同时使用，从一种到另一种，要进行72次的转换。如果一名口译人员只能使用一门外语，则需72名口译人员。一位口译人员若能多译数种文字，则可缩减至30人左右。在这样的情况下，西欧国家对外语专业人才的需求日益增加。

20世纪60年代欧美盛行的听说法，只是强调对语言规律的解释与培训，而忽略了对第二语言学习者交际能力的培养。那时的外语教育没有统一的教学大纲和教材，教学质量很低，很难培养学生的语言交际能力，不能适应国际交际的需求。西欧共同体认识到，要想彻底解决这一问题，必须对其各成员的外语教育进行改革，即改变其教学方式，并在西欧共同体各成员中建立一套统一的外语教学大纲，设计统一的教材和测验标准。

因此，1971年5月，欧洲经济共同体的文化合作委员会在瑞士举行了一次关于成人学习第二语言的研讨会。会上讨论了用单元—学分体系（unit-credit system）来安排现代外语课程的可行性，并就欧洲第二语言课程纲要的制定取得一致意见。专家花了三年的时间，才写出《入门阶段》一书，这本书是为欧洲几种主要语言编写的一本书，书中专门收录了由英国语言学家威尔金斯提交按照交际原则编写的功能意念大纲的基本要点。按照受训者所要进行的语言活动，将其分成若干个教学单元。《入门阶段》是一本关于外语应用能力的基本课程，它对于大部分采用"单元—学分体系"的学生来说，无论他们最终达到何种目的，都是一种基本课程。该课程适合于西欧共同体中大多数学生的需求。

与将语法结构视为教科书的基础要素的结构主义教学大纲不同，功能意念教学大纲强调"功能"是英语教学内容的基础要素。与传统的过分强调语法形式相比，"功能意念"的大纲更注重在特定环境下实现语言的语用目标和实际目标。功能意念大纲并不必然会对学生的语言表达能力产生影响。首先，这并不是一个教学方法，这只是一个提纲。但同时，他又强调了语言的功能性，并为其提供了一种使之达到功能性的语言环境，从而宣告了旧有教育方式的终结，开启了一个新的教育方式——交际教学法。交际法的理论基础来自海姆斯、拉波夫等的社会语言学和弗斯、韩礼德等的功能语言学。

从20世纪70年代开始，欧洲共同体内的一些国家对交际法进行了深入探讨，并在实践中对交际法进行了有益的探索。时至今日，交际教学法仍是当今外语教学中最主要的一种方法。在很多国家，外语教学中都把培养学生的交际能力作为首要目的。

从20世纪70年代初开始，美国的外语教育界和应用语言界都在讨论如何培养学生的交际能力，但是很长一段时间里，他们都没有提到过交际法。美国在70年代后期到80年代初期，也已经开始了对交际法教科书的编制与实验。

交际法是在20世纪70年代末被引入中国的。随着中国的对外开放，许多外国的语言学理论和外语教学理论也随之传入了我们的视野。交际教学法是一种重要的语言教学理论。80 年代初，国内的外语教育界对交际法的概念、语言学基础、理论的形成、教学原则、教学程序、交际法纲要（功能—意念大纲）、交际法教材、交际法与其他语言教学理论的联系和差异，国外交际法研究的现状与实践等方面做了较为详尽的介绍和评论。

在我国，交际教学法已逐步为人们所接受和运用。任何一种语言教学理念，它都是由一种特殊的语言观点和语言习得观点决定的。交际法是从广义的功能主义语言学中获益的。这一理论强调语言的应用性，强调语言的交际不在于其结构，而在于其功能。在此基础上，提出了一种新的跨文化交际策略。交际法教学理论认为，可理解性的输入与可理解性的输出同等重要，外语学习者在进行可理解性输出时，能更好地掌握外语。交际法是一种非常注重交际的教学方法，它强调学生在思想上的协商，它的主要形式有：解决问题、做出决定、观点交际和图画听写。根据交际法的理论，在教学过程中，既要让学生学会使用恰当的语言，又要让他们在不同的情况下，根据不同的需求，针对不同的对象，使用合适的语言，来完成他们的跨文化交际。

基于这一理论，很多高校都进行了交际式教学的试验，试图根据中国的实际情况，编撰教材。80 年代中期以后，交际法对我国的语言教学产生了一定影响，并逐渐发展为一种主流的语言教学方法。我国教育部门根据交际法理论，组织专家为大专院校和中小学制定了新的外语教学大纲，并编制了各类外语教材。此外，我国外语教学界还对交际法与传统教学理论相结合的可能性和如何在外语教学中具体运用的问题，以及交际法的一些理论问题进行了研究。从 90 年代开始到现在，国内的外语教育界一直在研究交际法，并从学生的学习动机、教师的整体素质、教师的课堂角色、语言交际环境、社会文化等方面提出了自己的看法。

（三）交际法的语言学和心理学理论基础

交际法是语言学、心理学等学科发展到一定程度后产生的一种教学方法。乔姆斯基革命之前，语言学家、哲学家都把注意力集中在语言的构造、语言的能力上，而对语言的表达、使用等方面的研究则相对较少。虽然德国语言学家洪堡特（W. Humboldt）和瑞士语言学家索绪尔（F. Saussure）都区分了语言与言语的概念，但都没有做进一步研究。而美国语言学家乔姆斯基提出的"语言能力"（linguistic competence）、"语言行为"（linguistic performance）、"语言习得机制"（language acquisition device）、"语言普遍现象"（linguistic universal）等理论改变了语言研究的方向。当然，乔姆斯基并没有将他的理论运用到外语教学中去，但是一些教育学专家将乔姆斯基的理论运用到了外语教学中，尽管他的理论并没有起到多大的作用，却让很多人意识到了语言是一门可以交际的学科，这使得外语教学更接近于交际。

随着社会语言学的兴起，乔姆斯基的研究受到了极大冲击。它强调了语言在人类社会中进行交际的运用，并强调了语言在社会中的作用。语言最基本的作用是它的社交作用，这一点得到了人们的普遍认同。海姆斯以乔姆斯基的"语言能力"与"语言行为"为理论依据，首次提出了"交际能力"这一新概念。交际法是一种以社会语言学为理论依据，强调语言的交际功能和培养学生的语言交际能力的一种语言教学方法。海姆斯认为，一个人的语言水平，不只是一个人能够创造出符合语法要求的句子，更重要的是他能够在各种社交场合中正确地运用它。海姆斯认为，乔姆斯基所说的"语言能力"，并未将社会文化因素纳入其中。所以，仅仅强调"语言能力"，就等于忽略了交际能力，而不能很好地应用于日常生活。如果强调交际能力，这就意味着仅仅忽略了很少一部分语言能力。根据海姆斯的观点，语言交际能力包括以下四个方面：①语法能力，即能够按照一定的语法组织句子；②语言能力，能够判断言语的接受程度；③社会语言能力，能够在合适的场合运用合适的语言；④语言策略能力，即了解一种语言形式发生的概率。卡内尔（Canale）和斯魏恩（Swain）根据这一理论，认为交际能力包括语法、社会语言、语篇、策略等四个方面。海姆斯等对交际能力的定义是"交际"这一概念的界定，也是"交际"教学目标的一部分。

韩礼德（M. A. K. Halliday）是英国著名的语言学家，他创建了系统功能语言学，并对其进行了深入的研究。他倡导运用系统语言学对句法之上的语言单元进行分析，开创了语言研究的新天地。他强调语言的使用与功能，认为语言具有三个主要的功能：认知功能，建立和维持人际关系功能，连贯脉络功能。以往的语言学仅关注语言的规律体系及认知功能，而对语言的后两个方面的功能则被忽略，从而造成了只注重语言形式的训练。这就造成了学生对语言的理解和运用的缺失。英国语言学家威多森还提出了"交际能力"这一概念，他认为，在外语教学中，教师应该通过让学生在篇章水平上运用语言，从而达到提高交际能力的目的。这些观点构成了交际法的一个重要理论依据。

交际法不仅建立在语言学的基础上，而且有其心理学的理论依据。交际教学方法与"意念"这一心理概念有关。意念是心理学思维的一种。交际法的起点在于使学生在进行交际型教学的过程中，学习如何用语言来表达自己的思想，并掌握多种方法来表达自己的思想。因为人的思想具有普遍性，所以，各个语言族群、各个民族都有共同的意念范畴。在20世纪70年代常用意念项目及其常用语言表达方式被教育学家视为欧洲近代主流语言教育的共同核心，并作为欧洲主流语言教育纲要的依据。这为在欧洲国家制定特定的现代语言课程纲要奠定了基础。

在欧洲各国语文课程的《入门阶段》一书中，对"意念"进行了详细的剖析与解释，将意念分为一般意念和特殊意念两类。一般意念范畴共有八类：①表示存在的意念范畴；②表示空间的意念范畴；③表示时间的意念范畴；④表示数量的意念范畴；⑤表示质量的意念范畴；⑥表示精神或心理的意念范畴；⑦表示关系的意念范畴；⑧表示指代的意念范畴。特殊意念范畴与谈论的题目相联系，其类别数量就是话题的数量。

心理语言学中的"功能派"理论也为交际法研究提供了新的视角。功能派坚持认为，语言教学应该是一种持续的"刺激—反应"的训练,并将其视为一种持续的错误纠正。章兼中曾对功能派观点做过以下介绍:"该学派认为,学生在使用语言进行交际时,出现语言错误是正常的,错误是学习语言过程中一个由不完美到达到完善的路牌。这种现象,就像是幼儿在学习母语的时候,会有一种中继性的语言出现,这就是语言学习的不同阶段。学生学习一门语言的过程,就是由一个经常犯错误的、不完美的阶段,逐步过渡到一个不出错、完美的阶段。在一个有缺陷的传播语言里,错误是不需要修正的。对学生在口语中出现的错误进行反复的纠正,将会干扰他们的思维,使他们分心。老师们也不需要担心学生们在交际中出现的语言错误,他们会在以后的交流中慢慢纠正。"

(四) 交际法的教学基本原则和教学过程

语言学习观中的交际法主要有四个方面的内容:语言教学要按照语言的自然规律进行,要在交际中进行;掌握一门语言最好的方法就是把它置于社交情境中;在外语教学中,注重交际能使学生更有效率;学习一门外语,就是一门有意义的协商过程。早期的交际教学法家将交际法教学原则归纳为四条。

(1) 建立单元—学分体系。通过对学生语言能力方面的研究,提出了一种基于语言需求分析的评价方法。任何一种语言的学习者,无论他们的学习动机是什么,都必须完成既定的教学目的。教师要给学生创造良好的学习环境,使他们能够尽快地完成教学任务。

(2) 综合运用八种交际要素:情景要素,功能要素,意念要素,社会、性别、心理要素,语体要素,语音、语调要素,语法、词汇要素,语言辅助要素。

(3) 使教学过程交际化。在外语教学中,应注重培养学生运用语言进行交际的能力,努力实现英语教学的交际化。为了使课堂教学过程交际化,教师要做到以下几点:以口语交际为一切教学活动的出发点;努力使教学内容、教学活动和教学情景的交际化;轻松的教学氛围,充分体现了学生的主体地位;文章从篇章的角度分析了篇章层次上的语言运用;听说读写是一种综合性的语言活动。

(4) 发展特殊用途英语(English for special purpose)。与一般英语不同的是,特种英语是一种专门针对某一类学生的特殊专业或需求而使用的英语。这是一种对外语课程和教学方案有特殊要求的外语学习方法,是一种应用性很强的外语学习方法。专门化英语涉及的领域非常广泛,又可划分为不同种类的专门化英语。如专业英语、科技英语、护理英语等。

英国教育家大卫·纽南(David Nunan)通过对交际法的实践与研究,总结出了五条基本原理:强调通过目的语来进行交际;在语言环境下,能运用"真实"的话语;为学生提供既尊重语言,又尊重学习过程本身的机会;拓展学生的个性体验,因为个体体验对于课堂学习非常重要;要把课堂上的学习和课外的语言活动联系在一起。

交际法与以往的各种教学方法都不一样,它一改以往的"教师主导",转而强调"学生主导",强调"学生主体"。教师的角色也从原本的课堂主导者、控制者转变为学习的促进者、管理者和参与者,与此同时,他们还扮演着需求分析师或咨询师的角色,时刻准备着为学生解答问题。交际教学法的课堂环境将重点放在了学生之间的合作和移情上,也就是能够理解他人的想法和情感,允许在口语练习中出现错误,并且多采用小组合作的学习方式。

从 20 世纪 70 年代至今,人们在进行交际法教学时,从简单走向全面,从随意走向严格。英国语言学家布伦菲特总结了 11 个主要步骤:以母语的语言引入短小的目标语会话;口头操练会话;就会话内容进行提问和回答;围绕对话主题,并结合自己的亲身经历,进行问答;从会话中提炼出一句话或一句话来集中研究;让学习者发现句式规律;口头翻译活动;口头生成活动;把教科书上没有出现过但经过训练的对白复述一遍;从作业中采集样本;通过问卷调查,了解学生的学习成效。

在以学生为中心的教学模式下,在交际法主导的课堂上,为了达到在交际中学习交际的目的,教师尝试了各种教学活动。主要的交际法课堂教学活动归纳起来有如下几种:信息差活动(information-gap activities)、拼图游戏(jig-saw activities)、信息收集(information gathering activities)、观点分享(opinion-sharing activities)、角色扮演(role play)。

(五) 对交际法的评价

交际法既吸收了各种教学方法的优点,又有其自身的缺陷。其优势主要表现在四个方面。①根据学生的实际需求,制定他们的学习目标。其他的教学方法更多的是强调"教师"的作用,而交际法的教学方法则强调"学生"的中心作用。根据既定的目的,教师选择了相应的教学内容,并选择了相应的教学方式。②注重提高学生的交际能力,使其在教学中充分发挥其社交作用。过去的各种教学方法都是按照语言的形式来设计的,而交际法则是按照功能和意念的内容来设计的。从理论上分析了外语学习中存在的主要问题,并提出了一种新的、有针对性的外语学习方法。从社会语言学的角度来看,语言交际受到社会文化的影响,因此,对语言交际能力的培养既要注重语言运用,又要注重对社会文化的理解。交际教学方法的提出,对外语教学中的文化因素起着重要作用。在外语教学中,外语教学应体现为外语教学的基本要求。可以说,交际法在一定程度上为外语教学带来了社会文化的影响。③采用交际性的教学方法,注重学生的参与。在这种情况下,学生在课堂上能够独立地进行各种各样的语言交流。教师在教学中扮演着"协调人"和"问题解决人"的角色。在英语教学中,学生可以很轻松地在课堂上进行语言交流,从而提高语言交际能力。④推动特殊用途外语教学的开展。特殊用途外语教学实用性很强,需要较高的交际能力。对于专业外语来说,交际法是最适合的教学方法。

目前,交际法仍有许多值得深入探讨的问题,例如,如何确定和统计功能—意念项目,还需进一步探索;按照"功能—意念"这条主线来安排课程,难以确保功能—意念的教学次序的科学性;在这一过程中,如何将概念项与语法和句法结构进行科学的协调,是一个亟待解决的问题;对于学生的语言错误,采取放任自流的态度并不一定是一件好事。但是,怎样才能避免有错必纠和放任自流这两种偏激的态度,正确地对待语言错误,还需要进行更多的探索。

在外语教学中开展文化教学已有悠久的历史,文化始终是外语教学的一个重要组成部分,不同的地区,不同的时代,不同的教学方法,其文化教学的观念和方法也不尽相同。

由于一开始只有小部分精英才有必要阅读并翻译国外的文学著作,其中也有某些宗教著作,那时的文学著作以及后来的许多年里,一直是外语教育的主流。因为文学作品中蕴含着丰富的文化内容,它是反映文化现实的最好方式,所以,最初的文化是以文学作品为载体,学习者在阅读文学作品的过程中,可以了解到有关目的文化的信息。随着外语教育的逐步普及,听说法的普及,人们学习一门外语的动力与目标已经不仅仅是通过阅读和翻译来达到,他们意识到了与目标语国家有关的文化背景的重要性,于是,英美概览等在外语教学中被引入,而这些独立的文化课程也就成了文化教育的一个重要途径。

从 20 世纪七八十年代开始,交际法外语教学的兴起使文化教学的内容扩大到目的文化的日常生活、学习和工作的各种情景包含的文化习俗与规范。因此,在外语教学中,文化教学是必不可少的。

第二节 中国英语在跨文化交际中的作用

在世界英语的大背景下,在中国对外交流的迫切需求下,能够表达中国特有文化的"中国英语"应运而生。这一概念在 20 世纪 80 年代由葛传老先生提出。在英语语言与中国本土文化相结合的过程中,产生了很多独特的表达,如 Reform and Opening(改革开放),paper tiger(纸老虎),gelivable(给力)等。综合学者多年的争论和研究,可以得出结论:它以规范英语为基础,使用规范英语的基本词汇并遵循其基本语法系统,能够进入英语交际,不受汉语具体语法的干扰,同时又基于中国特有文化创造性地运用了一套中国特色的表达方式,以更好地实现中西文化交流。中国英语的内涵不是介于汉语与英语之间的中介语 Chinglish,而是植根于中国文化,应用于英语实践的"中体西用"在跨文化交际领域的表现,是跨文化交际中的客观存在。

一、跨文化意识确立的标志

"中国英语"的诞生标志着平等的跨文化意识的确立。中国人使用英语不仅是同英语的母语人士交流，也会接触到很多把英语作为第二语言或外语的人士。英文作为世界通用语，不再仅仅属于以此为母语的国家，它可以承载英美文化，也可以承载中国文化乃至世界各地的多元文化。"中国英语"研究认为，语言是工具性和人文性的有机统一体。它主张文化平等，既尊重和教授英语文化，又尊重和教授汉语文化，还尊重和教授其他英语变体的文化。

二、母语文化传播的桥梁

第一个提出中国英语概念的外语界前辈葛传椝老先生在《漫谈由汉译英问题》一文中谈道：各国有各国的情况，就我国而论，无论在旧中国还是新中国，讲或写英语时都有些我国特有的东西要表达。虽然在表达上往往带有一种"中国腔"，但这是由中国特有的历史文化决定的。如"四书"被译为"Four Books"，"五经"为"Five Classics"，"秀才"为"xiucai"，"四化"为"four modernizations"，等等。他认为："所有这些英译文都不是 Chinese English 或 Chinglish，而是 China English。"

中西文化差异造成的语义空缺和不可译成了传播中国文化的语言障碍。只有精通本国文化，创造性地运用英语语言才能消除这一障碍。语义空缺其实质是文化空缺，尤其突出地体现在一些特定的社会文化中具有鲜明民族特征的事物或概念的名称上。本土化的中国英语就是填补语义和文化空缺的最佳媒介，通过音译、译借和语义再生等手法表达、反映中国特有的文化。于是，qipao（旗袍）、erhu（二胡）、Maotai（茅台）、wonton（馄饨）、gongfu（功夫）、Chinese herbal medicine（中草药）、Confucianism（儒家思想）、Taoism（道家思想）等中国文化传入了西方，如今已在世界上广为传播。

当代对中西方交流做出贡献的大家，林语堂、钱钟书、杨宪益等学贯中西的大师在他们的英语作品中就运用了很多中国特色的英语表达。如 Say half of what you want to say, and swallow the other half（话要说一半，咽一半）；When a family is in poverty it produces filial son, and when a country is in danger it produces a patriot（家贫出孝子，乱世出英雄）；The higher the rank, the worse the memory（贵人多忘事）等。旅美作家哈金用英文撰写了多部以中国为背景的小说，用本土化的语言形式和叙事风格高度真实地再现了当时的社会现实，他的作品在美国获得了一系列文学奖，评论家认为他向西方读者打开了英语文学的新篇章。《论语》《孙子兵法》《唐诗三百首》《红楼梦》等国学经典也有越来越多的英译版问世，无一不散发出中国优秀传统文化的光辉。这些都是中国英语向世界传播母语文化的典范。

第三节 构建基于跨文化交际的大学英语教学模式

在 20 世纪，随着语言学理论、语言学习理论以及心理学、社会学、人类学、教育学等学科理论的发展，语言教学中产生了许多不同的学派，外语教学和研究也取得了很大的成就。迄今为止，已经出现了不少于 20 种较为系统化的外语教学方法，外语教育者可以有多种选择。但是，这些教学方法基本上都是将语言知识和技能作为核心，而对文化教学一直没有给予足够的重视。

一、大学英语外语教学现状概述

我们国家的外语教育和欧美国家的外语教育在很大程度上是同步发展的。从 20 世纪初至今，我国外语教育界对世界上的各种主要语言都进行了大量的实践，但是还没有形成一套具有自己特色的语言教育理论与方法。武汉大学根据国际和国内外语教学的发展趋势，逐步推行了翻译法、直接法、听说法、认知法和交际法等多种教学方法。通过这种方法，我们已经培养出了大量的英、法、德、俄、日等语言的专门人才，其中以英语为主。他们都具有较高的语言技能，但跨文化能力欠缺。导致这一现象的原因有：①教学法学理论存在着很大的缺陷，各语言学派都忽视了语言的文化因素；②在外语教育领域，尤其是在跨文化英语方面，还没有形成一套比较完善的模式；③我国高校英语课程缺少跨文化交际课程；④在英语教学中，师生之间的意识存在一定的差距；⑤对英美两国的文化知识缺乏培训，缺少对两国文化的了解；⑥缺乏英语跨文化交际的教科书；⑦学校缺少对学生的文化素质进行系统评价的方法与标准。

大部分的教学方法流派在各自的理论体系中，将语言知识、语言技能、语言运用、语言交际能力等视为主要的教学目的，而忽视了语言教学中的文化因素，这是其最大的不足。再加上中国古代的"朗读"教学法已经根深蒂固，很多英语教师都认为，学习一门语言应该是从语音、语法、词汇开始的，再加上多读多背，才能达到事半功倍的效果，因此，大多数的英语教师都不太重视文化教学[①]。虽然也有不少外语教师认识到了英语教学中跨文化交际的重要性，并试图将跨文化交际的相关理论运用到自己的教学中，或者在课堂上不经意地引入一些异域文化，但是，他们并没有明确地认识到"语言"与"文化"之间的联系，也没有跨文化交际方面的专业人士的介入和引导，因此，他们的尝试就像是盲人摸象，效果并不理想。

在长期的英语教学中，教师都认识到，仅仅是掌握一门语言并不能很好地适应跨文化交际的要求。这也印证了露易丝·达曼关于"听说读写四项能力"的理论，即"听说读写

---

① 赵婷，蒋宁. 文化自信视域下大学英语跨文化教学路径探究 [J]. 海外英语，2022（14）：153－155.

四项能力"是远远不够的,我们应该把"第五要素"和"文化教学"作为一个整体来思考。语言是一种交际的手段,而学习一门语言的终极目标就是进行交际。在实际的交际中,只有正确的语法、正确的发音是远远不够的,因为在一定的情境下,人们的交际受到了文化因素的影响与限制。在对交际能力进行研究的过程中,国内外学者都意识到,语言能力只是交际能力的一部分,而社会文化能力是交际能力不可或缺的重要组成部分。因此,广大教师的外语教学理念正在悄悄地发生着改变。在中国高校中,英语是最大、最有影响力、最广泛的一门外语课。武汉大学近二十年来,在英语教学方法上进行了一系列的改革,其中最突出的一点是引进了交际法,采用了以计算机为主的多媒体教学手段,并采用了自主性学习体系。目前,我国大学英语教学在不断地改革和扩大教学内容,其具体体现在:①在新大学英语教学大纲中,"跨文化交际"已经被纳入了新的课程体系;②高校英语教师已逐渐意识到,在英语教学过程中,应将英美两种文化因素融入英语教学;③教师研究组正积极探讨高校英语跨文化交际的文化教学内容及模式。

二、对文化因素在语言教学中的重要性的认识

在外语教学中,要注重学生的语言表达能力、语言运用能力、社会文化知识,以及跨文化交际能力。而在外语教学中,如何提高学生的跨文化交际水平,首先要解决的问题是学生对母语文化与目标语文化的认识问题。无论是对研究人员还是一般的英语学习者来说,文化能力无疑都是外语学习中不可缺少的一个组成部分。我们学校的很多教师都在努力将文化知识的传授与外语教学相结合。近二十年来,人们对交际能力给予了充分的关注,它着重于"语境"的功能,主张在各种情况下,交际者应恰当地使用语言。语境中隐藏着文化的规律,在特定语境中进行的交际行为会受到文化的制约。因此,要想实现有效的、得体的交际,就需要交际者不仅能对语言的语法知识(语法能力)有所了解,还能对语境中隐含的文化意义(文化能力)进行解读,这两种能力可以互相补充,最终构成交际能力。

当然,我们早就批评过一种以"行为主义"模式为核心的学习方式,这种模式认为,学习仅仅是一种句式的模仿,一种用来表达事件的词语和句子的简单组合。近二十年来,对语言与社会之间关系的研究已成为一种趋势。但是,在外语教学过程中,依然存在着一种根深蒂固的观念,它决定着外语教学的内容,从而在一定程度上弱化了外语教学中的文化因素,妨碍了学生的跨文化交际能力。

如果认为语言是一种符号,而只是学会了一些语法的规律,那么这种观点就大错特错了。从一定意义上说,仅仅关注与语言相关的社会因素,而忽视了对其社会结构的深刻理解,也会造成跨文化交际的错误。因此,学习一门语言,就是学习一种他国文化。"文化"究竟意味着什么,如何在外语教学中进行文化渗透,这一点值得我们关注。克拉姆什相信,对于语言学习来说,文化并非一项可以替代的技能,而是一项与听说读写相辅相成的

技能。从学习一门语言开始，文化就伴随着它，它随时准备给毫无戒备的学习者造成困扰，对他们认知周遭世界的能力提出疑问，让他们认识到自己好不容易才获得的交际能力的局限。

外语教学者越来越认识到，语言和文化是分不开的。在外语教学中，如果没有文化因素，就会显得不够精确、不够全面。对外语学习者来说，如果他们不了解目标语民族的生活习俗和民族情况，就没有必要去学习语言。当外语学习者与异国文化接触的次数越多时，目标语文化的学习就越重要，因为外语学习者在跨文化交际过程中遇到的最大障碍常常与外语的熟练程度没有关系。这一障碍即缺乏母语文化，而造成的直接结果是语用错误。在跨文化交际中，文化语用失误较简单的语言错误更易产生负面效应。对于讲话人在发音、用词、语法等方面存在的问题，听者通常能够理解，并对讲话人敢于进行交流的勇气表达赞赏。但是，说话人的语用错误往往难以得到对方的谅解。比如，一个人口语流利，用词丰富，语法正确，但如果他出现了文化语用失误，那么他就有可能被受话人认为是缺乏礼貌、不友好。就像美国语言学家沃尔夫森指出的那样："当与外国人交流时，本族语者的人往往更能忍受语音和语法上的错误。恰恰相反，在他们看来，违背了他们的谈话规则，就是一种不友善的行为，这是因为他们很少认识到社交语言的相对性质。"

因此，外语学习者在学习过程中不应该忽略目标语的文化背景。在认识到文化对一门语言学习的重要意义后，许多学者和教育家开始探索在一门语言学习中怎样才能把文化知识有效地融入一门语言学习中去，因此，"文化教学"这个概念应运而生。外语教学的最终目标在于使学生能熟练地运用语言进行交际。在外语教学中融入文化背景是为了找出和消除影响外语交际的因素。在外语教学中，各个文化层次都存在着语用失误。在英语学习过程中，要在不同的学习阶段和不同的文化层面上，构建起一个与之相适应的文化认知体系，才能更好地提升学生的学习能力。

三、对文化教学与文化培训概念的理解

从两个方面对外语学习者的跨文化交际能力进行了研究：文化教学与文化培训。二者有共同之处，也有不同之处。这两种语言共同构成了跨文化交际理论产生的土壤，也构成了跨文化交际理论研究的重要内容。在研究与实践中，我们清楚地认识到，文化教学是一项长期而又繁复的教育活动，这就需要教师有很强的文化意识和文化敏感度，能够灵活而富有创意地把语言和文化的教学方式与内容相结合。而文化培训是一种很短的、有很强针对性的教学过程，它的目的是让那些在国外的人或者移民能够进行跨文化的交际，让他们能够在异国他乡与其他国家的人进行友好的交际。文化训练方式及内容，对我国武汉大学跨文化英语教学实践也有一定的借鉴意义。

（一）文化教学

文化教学可以采取多种方式：一是在外语教学中设置文化课程；二是把文化元素融合

到语言教学中去；三是课外的文化体验和实践。文化教学的目标人群，以在校大学生为主体，他们可以通过多种方式进行跨文化交际，比如，聆听外国教师的讲座、出席国际性的学术会议、短时间或者长时间的出国进修、参加国际夏令营、到跨国公司实习等。

在外语教学中，文化教学是为了增强学生的跨文化意识，培养学生的跨文化交际能力。在外语课堂上，教师可以采取专题讲座的方式，向学生讲解一些可以直接或间接地运用到交际中去的目标语文化，还可以将文化教学融入语言教学，通过比较两种不同的文化，让学生对不同的文化有着更高的敏感度，能够在不同的文化之间灵活地变换角色，最终实现顺利的交际。传统的文化教育主要是对目标语言国家的历史、地理、政府机构、文学、艺术等方面的背景知识。因此，在进行跨文化交际时，应充分了解不同的文化背景。从20世纪中期起，随着人类学、社会学等学科的发展，人们逐渐意识到，要掌握一个国家的文化要素，如风俗习惯、生活方式、思维方式、价值观体系等，是非常重要的一环。中外许多学者都在著作中阐述了语言和文化之间的联系，探讨了文化教学内容的选取，以及文化教学和外语教学的有机结合。

对于文化教学，各国学者都发表了自己的看法，并提出了许多宝贵的观点。诺斯特兰德认为，文化教学的总体目的在于了解和交际，因此，在进行文化教学时，不仅要考虑到认知方面的影响，还要考虑到社会方面的影响和情绪方面的影响。西利认为，文化教学应通过以下七种方式来激发学生的学习兴趣：第一，培养学生在不同文化背景下的行动；第二，语言因素与社会因素之间的互动；第三，日常生活中的行为；第四，词汇及短语中蕴含的文化意蕴；第五，目的语言的通用性评价；第六，研究目的语文化；第七，关于对待其他社会群体的看法。

经过多年的教学实践与社会的考验，我们的大学英语教师都明白了，文化教学并不只是简单地讲述英美文化现象，也不只是简单地介绍一些文化知识，更重要的是要加强学生的文化观念，采取行之有效的教学方法，把文化融入英语教学中去，才能达到对学生进行跨文化交际的目的。如果学生仅仅是死记硬背某些文化知识，那么就会导致他们在进行跨文化交际时因循守旧，不善于灵活变通。只有使学生真正了解跨文化交际的基本原则，掌握英美两国的文化与语言，才能使他们在交际中做到游刃有余，这就是文化教学的真实含义。

考虑到文化概念的复杂性以及文化内容的广泛性，文化教学不可能将所有的文化因素都囊括进去。因此，国内外学者普遍认为，在语言教学中，对文化教学内容进行添加，或者对文化知识进行渗透，应当遵守以下四项教学原则：①实用性原则；②阶段性原则；③适度性原则；④科学性原则。

因此，在外语教学中，文化渗透是一项重要的教育任务。语言的难度和文化的复杂性并不必然成比例，即便是最简单的语言，由于其蕴含的文化差异，也会引起语用失误。比如，在打招呼、致歉、表示感谢等场合用到的一些基本的生活用语，尽管在形式上十分简单，但是在实际的交流中，学生往往不知道该如何得体地运用这些简单的语言。因此，在外语教学过程中,教师要始终将语言与文化相结合,也就是把语言形式放在社会情境中,让学生根据一定的语用原则来操练和运用语言。这样的教学才能使语言知识富有生命力,使学生具备跨文化交际能力。

文化的内涵究竟是什么?从大的角度来看,文化主要有三种:①观念文化,即历史文化、哲学文化、文学艺术、科技文化、价值观念等;②制度文化,即社会制度、政治制度、法律制度、经济制度、风俗习惯、生活方式等;③物质文化,即衣食住行、房屋、交通等。

因为文化的内容是多种多样的,所以,在具体的课堂教学中,教师需要对其进行适当的调整和归类,并将其科学地与语言教学相结合。在英语教学中,英美文化的教育可以从以下四个方面来进行。

1. 英语词语的文化内涵

任何一个国家的语言,其词汇都蕴含着这个国家的许多文化信息,是其他国家了解这个国家文化的一条重要线索。英语词汇的文化意蕴主要表现在英语词汇的指代范畴、情感色彩、联想等方面,还表现在习语、典故、谚语和俗语中的隐喻与引申等方面。英汉两种语言中的词汇文化差异是影响英语学习的一个重要因素,因此,在英语词汇教学中,应重视英语与汉语词汇的文化内涵的差异。

2. 英美文化背景知识

在英语中,背景知识是一个很重要的方面。研究结果显示,在阅读的过程中,对文章进行理解的关键是对阅读者的知识图式进行激活,也就是让学生能够正确地运用已有的背景知识,去填充文中的某些非连续实现,将文中的其他信息连成一个统一体。了解英语国家的风俗习惯、社会行为模式、历史地理,是让学生进行理性猜测和联想的依据,有助于他们对文本意义的理解。

3. 英语句法、篇章结构特点和英美思维方式

英语的句型相对较长,以动词为主,主次关系清晰,呈现出一种树状结构。英语的句式具有严格的语法结构,清晰的逻辑联系,强调解析而不强调意思的表达。汉语则以短句为主,没有太多的语法限制,强调意合。英语中的转折变体可以表现出时间观念,汉语中的转折变体需要使用时间副词来表现。英语的语篇总体上是一条直线,而汉语的语篇却是一条螺旋形和一条曲线形。英语作文题目清楚、条理清楚。汉语文体则以"曲径通幽"、迂回曲折为特征。在英语教学中,教师可以对其进行比较和分析,从而使学生更好地把握其语法、语篇结构的特征。

英美国家的学习者在学习英语时,由于受到英语词汇和符号特点的影响,他们养成了一种以逻辑为先的思维方式的习性。中国人在学习汉语时,由于受到汉字符号特点的影响,产生了较为显著的形象思维方式。

4. 英语交际风格和行为方式

中美两种文化在交际方式上存在着明显的差别。在交际过程中，我们必须对这种差别有一定的认识，并在交际过程中自觉地进行自我调节，这样才能达到较好的交际效果。

同时，教师也要帮助学生理解英美两种语言中的语言和非语言的表达方式。具体表现为：称呼、问候、告别、祝福、感谢、赞美、禁忌、委婉语。其中，身体动作、面部表情、衣着、服装、音调、音量、准时、距离等都是其重要的体现。

（二）文化培训

文化培训是一种非常专业的教育形式，它的目的是提高出国人或移民的跨文化交际能力，具体来说，就是让人们能够在异国他乡，在一个完全不熟悉的环境中高效地工作，过上快乐的生活，并能够与不同文化背景的人进行友好的交际。文化培训的成功与否有赖于对受训者、文化适应过程、文化背景以及培训方式等方面的认识与研究。

当前，文化训练主要针对的是移民者和旅行者，他们参与不同文化训练的动机不同，训练的目的和方式也不同。归根结底，其动因主要有两个方面：一是彻底放弃原民族文化，与外来文化相一致，从而使移徙者更好地适应自己的文化，并进行跨文化训练；二是人们希望既能保留自己的母语文化认同，又能理解母语和目标语文化之间的差异，从而培养出跨文化交际的能力，成为具有双重文化认同的人。

文化适应是一项长期的工作，它将在移民与移民的跨文化经历中贯穿始终。一般而言，文化冲突是文化适应的起点。在帮助学习者对文化冲撞的必然性和积极意义有了正确认识，在理解了文化冲撞产生的原因后，就可以以文化冲撞为切入点，通过文化冲撞对学习者带来的情感和认知的冲击，来提高他们的跨文化意识，进而进行系统的培训。文化适应通常要经过三个阶段，即剧烈的痛苦期，逐步的适应期，稳定的提升期。

随着人们对跨文化训练的要求越来越高，各种训练方式也随之出现。经过总结，训练的方式主要有：①以文化事实为导向的训练；②归因训练；③文化意识训练；④认知行为调节；⑤体验学习；⑥互动学习。其中，"文化意识训练""体验学习""互动学习"等都是非常值得我国借鉴的。

四、跨文化交际大学英语教学模式的构建

在新修订的《大学英语课程教学要求》中，明确了大学英语课程的性质与目的："大学英语是高等学校的一个重要组成部分，大学英语是高校学生的必修课。大学英语课程是一门在外语教育学原理指导下，以英语知识、技能、学习策略、跨文化交际等为核心，综合运用各种教学方法和理论的一门综合性课程。"大学英语课程的主要目的是："培养学生全面运用英语，尤其是听、说、读、写等方面的技能，让他们在未来的工作、社交活动

中，能够运用英语进行有效的口语、书写等信息交际，并加强他们的自学能力，提升他们的文化素质，以满足当今社会的发展，以及对外交际的需要。"

《大学英语课程教学要求》中也明确指出："各高校要依据《课程要求》，制定大学英语教学目标，制定大学英语课程体系，使英语、语言技能、语言应用、语言文化、专业英语等必修课与选修课融为一体，使各层次的学生英语运用能力都能获得较好的锻炼与提升。大学英语是一种既有基本的语言知识，又有一种文化素养，是一种拓宽知识面，了解世界文化的能力。所以，在大学英语教学中，必须重视对学生的文化素养的培养，以及对世界文化背景的了解。"

(一) 跨文化交际大学英语教学原则

要想培养学生的跨文化交际能力，就必须有一套完善的教学模式。该教学模式制定教学目标，确定教学内容，选定教学材料，设计课堂活动需要遵循科学的教学原则。

1. 制定教学目标遵循的原则

(1) 总体和个性化的两个目标。

(2) 以《大学英语课程教学要求》为依据，确立了本专业的整体培养目标。

(3) 根据需要，制定出符合学生需要的个性化教育目标。

(4) 一切工作都要与时代性相适应。

(5) 以"两种语言"为主要目的，为"双文化"的人才培养奠定了基础。

2. 确定语言教学内容遵循的原则

(1) 根据《大学英语课程教学要求》，通过对学生的需求分析，确定了学生的学习目标。

(2) 语言的内涵要和文化的内涵相互补充。

(3) 尽可能多地选取具有一定文化意义的语料。

(4) 内容具有代表性，有针对性。不应该给学生增加课业负担。

(5) 以克拉辛的"i+1"原理为依据，对语言教学的难易进行分析。

3. 确定文化教学内容遵循的原则

(1) 文化内涵应该和语言内涵相互补充。

(2) 其中，传播的文化因素占主导地位，而非知识文化因素占主导地位。

(3) 选择具有文化差异的典型内容，消除文化的负面影响。

(4) 选择了两个不同文化之间有共同点的内容，并进行了文化的积极迁移。

(5) 要建立一个开放式的文化内容体系，让学生接触不同的文化观点和价值观念。

(6) 对文化课的教学要进行正确的引导，以克服民族自尊心。

(7) 在文化教学中，应注重对学生的人文素养的培养。

（二）教学目的

应用视角下出发，从"听""说""读""写""译"等五个层面上培养学生的英语运用能力，从而使他们在英语运用中获得更好的发展。从跨文化的角度来看，英语教学更加重视培养学生的综合交际能力，而语言技巧又是其中的一个重要组成部分，体现在综合素质和综合能力上。基于《大学英语课程教学要求》，从两个方面对英语教学进行了全面的分析，并在大学英语中确立了"培养学生的跨文化交际能力"这一总的教学目标。所以，在英语教学中增加文化知识，增加跨文化交际，增加双语文化课程是很有必要的。从大学英语跨文化交际能力的培养内容出发，结合大学英语专业的培养目标，结合本专业的专业特色，提出了大学跨文化交际的培养目标，并对其进行了初步的探讨。

1. 培养学生的英语综合应用能力

从英语的角度来看，要从语言能力、语言技巧、语言应用三个层面来培养学生。在对武汉大学一年级新生英语水平进行摸底测试的基础上，结合各专业特点、就业和继续教育的需要，在为本校英语培养目标的基础上，结合本校实际，从《大学英语课程教学要求》中选取"较高要求"，并纳入武汉大学大学英语教学大纲。我们根据"较高要求"，从听力、口语、阅读、写作、翻译、词汇等六个层面来确定教学内容，制定教学策略与方法，并在此基础上开展相关课程，从而达到全面提高英语综合运用能力的目的。本校的英语课程设置有以下几个方面。

听力：能够听得懂英语演讲，基本听得懂英语广播电视节目，以 150～180 个单词/分钟的速度，把握其中心思想，把握其主要内容及有关细节，基本理解以英语授课的专业课内容。

口头表达：能够用英语就一般主题进行较为流畅的对话，简单地表达自己的看法、情绪等，简单地陈述事实、原因和对事件的描述，清晰地表达自己，准确地发音和语调。

阅读能力：能够在英语世界范围内，对一般的报纸、杂志进行简单的阅读，阅读速度在 70～90 字。而对于中等难度的长篇短文，则可以让学生以 120 个单词每分钟的速度进行快速阅读。能够阅读本学科综述类的文章，准确把握文章的主旨。

写作技能：能够基本就一般话题发表自己的看法，撰写相关学科的英语概要，描绘各类图形，在 30 分钟之内撰写不低于 160 个单词的文章，并且阐述自己的观点，条理清晰，句子流畅。

翻译技能：能够在本学科中对英语文件进行摘译，使用字典对英语国家流行报纸上的相似主题进行翻译，英汉互译速度大约为 350 个英语词汇每小时，汉语互译速度大约为 300 个汉字每小时。译文流畅、错误较少，并且能够运用恰当的翻译技术。

建议的词汇量：掌握的词汇量应该是大约 6395 个单词，以及 1200 个短语（包含了中学和普通要求所应掌握的词汇），其中大约 2200 个单词（包含了普通要求所应掌握的积极词汇）为积极词汇。

2. 培养学生的跨文化交际认知能力

英语综合运用能力是一种跨文化交际能力。我们学校的英语教育以提高学生的跨文化交际能力为最终目的。跨文化交际能力是指在不同的文化背景下，能够有效地、恰当地进行交际的能力。从总体上讲，跨文化交际能力由三个要素组成：认知要素、情绪要素和行为要素。所谓的认知要素，就是人们基于对本民族文化和异族文化的理解，而对其所处环境的认知发生了改变，从而改变了自身的行为方式。

情感要素是人们在跨文化交际中的一种情绪，一种态度，一种文化敏感性。行为因素是指人们可以进行有效的、适宜的跨文化交际行为的各种能力和技巧，例如，获取语言信息和运用语言信息的能力，如何开始交谈、在交谈中如何进行话轮转换，如何结束交谈的技能，移情的能力，等等。

在跨文化交际中，人们对学到的语言、文化等方面的知识进行了加工。跨文化认知是掌握跨文化知识，掌握跨文化交际规律，增强跨文化交际意识的前提。高校英语跨文化交际教学应以提高学生的跨文化意识为首要任务。

3. 培养学生的文化认知能力

文化认知能力是通过对两种语言文化的理解，我们可以进行不同文化之间的交际。跨文化交际不仅需要交际者理解其所处文化系统中的文化习俗、价值观念、思维方式、行为倾向，还需要对目标语言文化的相应知识有一定了解。通过对两种文化的相互参照系统的理解，使交际者能够根据不同的文化背景，及时地调整自己的行为方式，准确地判断出不同的文化背景，从而达到更好地进行交际的目的。跨文化思维能力是指交际者根据自己所处的文化背景，运用自己学到的知识，进行不同文化之间的交际。在交际中，交际者感知的客体主要是构成交际环境的各种客体，也就是在特定的情境中进行交际活动。福格斯（Forgas）将情景技能定义为"在特定文化背景下的一种典型的交际顺序定势"，即跨文化情景技能是指交际者在一定的语言背景下，根据交际顺序进行交际的能力。

4. 培养学生的交际认知能力

交际认知能力是指对目标语言的交际方式、交际习惯以及目标语言体系、交际规则、交际策略等方面的认识。大学英语以语言为主体，其主要目的之一是要使学生熟练地运用语言知识。因为在不同的文化系统中，人们的价值取向和交际规则都是不同的，所以，如果不知道另一种文化的交际规则，即使是正确地使用了目的语言，也无法保证交流的效果。所以，要想使跨文化交际，就必须使语言学习者懂得交际规则，并学会相应的交际策略。

5. 培养学生的跨文化情感能力

在《心理学大辞典》中，情绪被界定为："情绪是人们对客观存在的满足或不满足自身需求所表现出的一种情绪体验。"情感是指具有一定需要的主体与客观事物之间的联系，是一种对客观世界的特殊反映，是一种心理现象中的高级层次，可以影响到认知层次的心理过程。情绪、态度和动机，可以影响人们的认知和问题的解决。在交际中，交际者的"移情"与"调节"是其在交际中的重要作用。

6. 培养学生的移情能力

移情能力的培养主要是培养学生克服民族自尊心，设身处地地思考，建立恰当的交际动机。作为一个文化群体的成员，人们往往具有民族自尊心，他们用自己的文化来评判其他文化，他们对其他文化有自己的思维定式，他们对其他文化抱有偏见，甚至是厌恶。因此，建立一套有效的跨文化交际教学方法具有重要的现实意义。

7. 培养学生的自我心理调适能力

在不同的文化背景下，交际者会感受到不同文化背景带来的心理上的紧张和压力，表现为文化冲击。因此，如何提高学生的自我调整能力（如在遇到困难或挫折时，如何缓解自己的心理压力），如何应对环境的不确定性，以及如何对环境的不确定性有足够的信心与忍耐力，就成了英语文化教学中的一个重要目标。

8. 培养学生的跨文化行为能力

跨文化行为能力指的是人们在跨文化交际中进行有效和适当的交流的能力。能够用非语言方式进行信息交际，培养学生灵活使用交际策略的能力；能够与他人建立良好的关系；能够控制谈话的内容、风格、过程等。在跨文化交际中，语言表达是一种特殊的语言现象。在不同的文化背景下，能够进行不同的行为。在大学英语跨文化交际教学中，应注重对学生进行言语行为能力、非言语行为能力以及跨文化关系能力的培养。

9. 培养学生的言语行为能力

言语行为能力包括言语能力与言语行为两个方面。言语能力包括：词汇、语音、语法、句法、篇章等。言语行为指的是对语言进行正确运用的能力，所以，我们应该从跨文化交际的角度来对学生的言语行为能力进行培养，让学生对目标语词汇中的文化隐含意义、句法构成习惯以及篇章结构布局等有一个清晰的认识。

10. 培养学生的非言语行为能力

培养学生的非言语行为能力，提高有效沟通能力。其中，肢体动作、面部表情、眼神交流、交流距离、说话语气等都是非言语交际的表现形式。在交流中，非言语交流活动传达的信息比口头交流活动多得多。

11. 培养学生的跨文化关系能力

加强对英语学习者跨文化关系能力的培养。跨文化关系能力主要表现为：在目标语言环境下，如何与目标语言环境中的客体建立和维持良好的关系。

在跨文化交际中，外语的综合运用、跨文化的认知、情感、行为等是外语教学中不可缺少的组成部分。要培养学生的跨文化交际能力，就必须建立一个跨文化交际的课程体系。

（三）教材的选择

根据教学目的，我们设置了两门课程，即英语基础课（必修课），文化和跨文化交际课程（选修课）。前者教学的目的是提高学生的语言综合运用能力，后者教学的目的是提高学生的跨文化交际能力。这两种类型的课程使用的教科书是不同的。

1. 大学英语基础课程教学教材

大学英语基础教学是以提高学生的语言运用能力为主要目的，主要内容包括词汇、语法、语篇和语用等。为了避免语法上的"语用分离"，我们将根据功能—意念大纲的编制原则，引入了大量的跨文化交际资料，并在此基础上，引入了《新视野大学英语》《新时代交互英语》《大学英语》等国内优秀大学英语教科书。

这几部教材以交际教学法为指导，注重在教学过程中对跨文化交际能力的培养，在内容上做到了语言材料与文化内容的结合。这些教材不但有很好的实用性和趣味性，而且有很多生活在英语环境里的人的材料。《新视野大学英语》是一种面向师生的网上教学平台，它能够采用自主学习的方式，让学习变得更加有趣，更加独立，更容易让体验式的学习和协作式的学习成为可能。《新时代交互英语》配合美国有线电视新闻网的视频，使学生不仅能从沉闷的学习中解脱出来，更能透过视频，加深对各国社会各方面的认识，让学生有更多机会去感受不同文化间的交际，进而提升自己的文化素养。《大学英语》涵盖了听力、口语、阅读、写作、翻译等各个方面，是一本知识性、趣味性、实践性很好的书，是一本经过多年实践证明，非常适合作为大学英语教学的一本经典之作。

2. 文化与跨文化交际类课程教材

近年来，我校在英语课程改革中不断探索，不断创新，逐渐走出了一条属于自己的路。我校开设的"文化与跨文化交际"是针对已完成大学英语基本功的大学生而开设的一门课程，其教学目标是通过对英美两种文化的了解，以及对跨文化交际的基本理论和基本原则的了解，来培养学生的跨文化交际能力。在教材的选择上，从语言的难度、语言的精确性、事例的真实感等角度出发，我们不仅选择了国内的优秀教材，还选择了外国的经典教材。

我们选择了《大学英语跨文化交际教程》和《跨文化交际视听说》这两本国内最好的教科书。本课程主要是通过查阅有关国际、国内的教科书、著作，来建立一套完整的跨文化交际理论体系；并从人类学丛书、人类文化学丛书和外国文献中选取大量的文化事例；纠正了外国教科书中关于中国文化的谬误，并对中、英两种文化的不同现象进行了客观的分析；通过对不同文化之间的差异，不同文化之间的冲突，以及不同文化之间的交际，拓宽学生的眼界；在语料库的选择上，语言生动活泼，具有时代气息，难度比英语四级考试稍高一些，对英语学习有一定的促进作用。本校除了选用以上几家出版社出版的教科书之外，还组织教师针对本专业的特色及学生需要，编撰了《英语电影文化赏析》《西方文化概览》《英美文化心态》《英美文学选读》等一系列的教材。教师编写的教材因其语料丰富、内容丰富而受到了广泛欢迎。

同时，我们还为学生提供了大量的国际教学资源。从历史、地理、文学、艺术、政治、宗教、风俗、学术思想、科技等多个方面，对英语国家进行了较全面的介绍。在教师与学生的互动中，这种教学方法可以提高学生的学习兴趣，尤其是对培养他们的独立思考、批判思维的能力有很大帮助。

（四）课程设置

根据大学英语中的跨文化交际课程要求，该课程旨在提高学生的跨文化交际能力。在此基础上，笔者以此为指导，运用课程规划的相关理论，对该课程进行了较为合理的设计。这一系统包括了两个层次的课程组，即语言基础教学课程体系和跨文化交际与应用阶段课程体系。

1. 语言基础教学课程体系

大学英语基础课是必修课，总学分为 6 个学分。在大学英语预科教学中，注重对学生语言能力的培养，实行"分级"式教学动态管理，提高英语教学质量。学校对大学英语的教学提出了"较高要求"与"更高要求"。新生在入学后，按照分级教学的原则，将他们分成两个层次的英语课程，学习期限为两个学期。为了达到上述要求，我校开设了大学英语听说课程、读写译综合课程、视听说网络自主学习课程（包括视听、口语、文化）。

大学英语听说课程和大学英语阅读、写作、翻译均为小班制，在课堂上通常利用多媒体进行教学。英语听说类课程通常是以听说为主，交际为辅。读、写、译一体化课程的教学方法主要有：认知法、交际法、语法—译法。因为听、说、读、写、译的一体化课程是一门正规的课程，所以它的具体课堂教学过程和教学活动在本节中就不再赘述了。但是，我们学校的大学英语视听网上自主学习课程、大学英语第二课堂平台、暑期国际英语口语培训班等都是非常有特点的，在此简单地介绍一下。

（1）武汉大学大学英语视听说网络自主学习课程。

学生可以在课余时间到自学中心进行视听网上的自学。他们每个学期都可以免费使用 50 个小时。武汉大学在线自治学习中心具有较大的规模，丰富的学习资源，以及在校园内广泛分布的学习终端。学生可以在他们最便利的地方，任何时候都可以通过网络进行英语听力和口语的互动练习。教师可以利用校园网络来监督和指导学生的学习，包括学习进度、学习水平、学习效果、学习方法等；网上布置听说读写翻译作业，内容涉及口语活动主题,并对学生提问进行解答;除教科书外,还提供其他研习材料。视听课采用开放的自学方式,每周由教师进行小班面授。

我们还制订了一整套的自我教育方案,进一步健全了自我教育的机制。整个自主学习程序大致可以分为三个阶段。第一,在独立的语言环境中,学生可以获得所需的语言和文化的知识与技巧。第二,是指导和练习的阶段。在英语听说课中,教师会根据学生的实际运用情况,加强练习和运用。第三,是拓展运用和练习的阶段。在英语系举办的丰富多彩的"第二课堂"中,学生不仅可以在课堂上学到东西,还可以在计算机上运用所学的东西。

(2)大学英语第二课堂。

语言学习是一项实用的工作,要想获得良好的教学效果,就必须在课堂上和课外两个方面进行合作。武汉大学把英语活动的专业组织者"英语街"作为自己的第二课堂,利用它的英语学习网站、英语学习电台、英语报刊、英语俱乐部、英语角、外语月等,在学校里举办英语听、说、写、演讲、翻译、戏剧演出等比赛,营造出浓厚的英语文化氛围,使学生学英语、说英语、用英语,在学校里形成了一个很好的英语文化环境,培养了学生的英语综合运用和跨文化交际的能力。

(3)暑期国际英语口语培训项目。

就课程的总体设计,教师的聘用,教学内容与形式,教学计划与大纲,以及课堂教学的具体安排等问题达成一致,以保证课程的适切性和教学效果。旨在贯彻教育部《大学英语课程教学要求》,提高英语综合运用能力,提高学生的口头表达能力,提高其跨文化交际能力,增强其就业和深造的竞争力。

在教学过程中,美国教师采用体验文化教学法,通过话题演讲、示范演讲、个案教学、小组讨论、模拟实际演讲情景、角色扮演等方式,来激发学生的学习积极性,并以主动的方式,来激发学生的积极性;利用多媒体技术,如电视短剧、电影剪辑、新闻节目等,让学生了解相关的背景知识,补充新的词汇,让他们把语言的学习和文化的理解相结合,从而提高他们的英语综合运用和跨文化交际的能力。

外籍教师还按照他们所讲的话题要求,在教室的角落里,摆放了各种各样的杂志,以供学生在课间的时候阅读。在教室的墙上,贴上了许多跟文化主题有关的图片、卡片、剪报和海报,努力创造出一个全方位的口语环境,让学生在一个全外语的、轻松的文化氛围中,培养他们的语言能力。在日间授课的同时,外籍教师也会安排下午和晚上,以及周末的师生联谊,如棒球比赛、英语诗社、篝火晚会、书友会、电影欣赏、美国乡村舞、现代舞、瑜伽、滑板、课外讲座等,让学生足不出户,就能感受到异域的文化。

夏季国际英语口语训练计划收到了明显的成效:①扩大了学员的文化眼界;②在英语教学中,学生的积极性得到很大提高;③提高了学生运用英语进行交际的自信;④英语的实际运用和口头表达能力得到了较大提高;⑤促进了英语学习者的跨文化交际。

2. 跨文化交际与应用阶段课程体系

跨文化交际类课程与应用类课程包括一系列可选择的必修课程，授课对象是完成了两个学期语言基础学习任务的学生。教学方法主要有教师授课、课堂讨论、学生发言等。在第 3 至第 4 个学期，将提供多种选修科目，包括"大学英语基础课"（3～4），英语专业是外语教学的重要组成部分。英语基础知识的学习，每周 4 小时；另外，还提供几个选修课，每个星期 2 个课时。本课程于第 3 至第 4 个学期，每学期必须修满 6 个学分，另有 4 个学分的选修课。从第 5 至第 6 个学期开始，将会有多个选修课，每个星期 2 个学时，每个学期将会有 4 个学分的课程。本课程以英美文化及跨文化交际为主要内容，采用英语教学，旨在培养学生的跨文化交际能力。英语应用型课程注重培养学生的语言运用能力，尤其是将英语运用到实际工作中的技能，以扩大学生的国际视野，从而增强他们在未来的就业、学习中的竞争优势。在这一层次上，共设置了 20 余门课程。

跨文化交际的课程包括：英语演讲技巧、英语电视节目欣赏、英语诗歌欣赏、英国历史、西方文化概况、英美文学欣赏、中西文化比较、美国社会文化、英语国家社会文化、美国外交等。

英语的应用型课程包括：戏剧和电视文学专业英语、哲学专业英语、法律专业英语、管理专业英语、生物化学专业英语、一般医学专业英语、口腔专业英语、国际商务文化、国际商务英语写作、国际商务交际、商务理论概论等。

本教学阶段开设两类课程，其目的是：①培养学生的跨文化交际意识和交际能力；②培养学生在交际性条件下的语言综合应用能力；③提高学生在实际工作中进行跨文化交际的技能，如商业、医药、法律等；④使学生对英语世界有一个总体的认识，从而增强其对文化的认识；⑤通过培养学生的国际化眼界，增强其对世界问题的敏感性。

（五）外语教学方法和策略

外语教学方法：外语教学方法是在外语教学过程中，按照一定的原理和步骤，对语言进行教学的一种方式，也就是采用一种有关语言怎样才能最好地教与学的观点来进行语言教学的方式，我们主要对听说法、认知法和交际法的教学思想、教学原理、教学方法、教学步骤等进行教学，并在此基础上总结了一系列适合我校英语教学的教学策略。

外语教学策略：外语教学策略与"如何教外语"之类的问题有关，它指的是为了达到教学目标，遵循一定的教学原则和思路，并针对特定的教学内容，而采取的一系列教学措施、方式或方法。教学策略的特点是综合性、可操作性和灵活性。我们对于教学策略的重要性有着充分认识。我们不仅整理出了一套教学策略，还设计了一些课堂活动供我校大学英语教师采用。具体来说，我们可以将其划分为普遍性教学策略和具体性教学策略。

1. 普遍性教学策略

普遍性教学策略，就是对所有课程类型都适用的普遍的教学策略。任何一种教学形式，包括听、说、读、写、练等，都需要教师来引导。在每一个阶段，教师都要采取一系列的教学策略。这套教学策略包括：课堂组织策略、激励策略、提问策略、评估策略。

（1）课堂组织策略。

课堂教学的核心是课堂的组织。课堂组织策略主要有：选择教师的角色，控制课堂活动，组织活动的方法等。我们的大学英语教师应当在课堂中发挥六个重要的作用，即组织课堂，控制课堂，评价学生，启发学生，参与课堂，提供学习资源。

（2）激励策略。

对学习的兴趣是一种内在的动机，也是取得成绩的先决条件。如果没有兴趣，学什么，教什么，都会变得很困难。因此，运用一整套行之有效的激励策略，以调动学生对课堂教学的积极性，是我们学校英语教学的一项重要工作。这一系列的动机策略主要有：安排有意义的外语学习活动，运用生动、幽默的教学语言，鼓励、奖励学生参加外语学习的积极性，把外语测试结果和奖学金、学位等联系起来。

（3）提问策略。

在课堂教学中，提问是一种普遍存在的交流方式。教师在课堂上向学生提出问题，以了解他们的学习状况。在教学中，教师应根据学生的英语知识水平，严格掌握提问策略，并根据他们的实际情况，设计出等量难度的问题。教师可以提出的问题有：开放的和封闭的，表面的和深层的；聚合问题和分化问题；资料型问题、理解型问题和评判型问题；陈述性提问和推理提问；等等。

（4）评估策略。

课堂评价具有很强的反拨功能，教师和学生都能从中获益。一方面，通过评价能够发现学生对于所教内容的掌握程度以及在学习过程中仍然存在的问题，从而能够对学生进行反馈，以便他们能够及时地调整自己的学习策略和计划；另一方面，教师可以通过适当的评价策略，找出课程设置、教学内容、教学方法等方面存在的问题，从而帮助教师调整教学内容、方法和手段。评价在课堂教学中起着举足轻重的作用。因为评价是一个连续的过程，所以在课堂评价时，应采取结构性的评价方法，包括学生的问卷调查、学习监测表、一句话摘要、应用卡片等。

2. 具体性教学策略

具体性教学策略是指培养学生的听说读写能力，培养学生的文化意识。在英语教学中，教师应适当运用词汇、语法、阅读、写作、听说和文化等六种具体的教学策略。

通过单词网、信息沟、词汇发现、词汇提问、多媒体演示等方法来提高学生对词汇的认识。词汇游历法、短语法、故事法、连环故事法和交叉联想法是提高词汇运用能力的有效方法。通过文本校对、图表、填空、自评、学生自评、学生测试等方法来帮助他们进行词汇测试。

在语法教学中，经常使用的方法有小情境法、图示事例法、游历法、虚拟情境法、猜想法、探究原因法、兴趣选择法和图示故事法。

常用的阅读策略有合作阅读、先行组织、互惠阅读、学习日志、同伴指导、同伴阅读、自选阅读、向作者提问、图画故事。

在英语听力教学中常用的方法有题目探究法、概括性选择法、复式听写法、图画法、远距听写法等。

常用的会话法有图片排序、寻找同伴、流程卡片、角色卡片、图片信息沟、完成对话、连锁复述、分组讨论、围着圈子讲话、访谈、"陪审团"、笔记指导等。

常见的写作策略有句子重组、平行、故事、框架、图画、轮换、拆分书信、创造隐藏的对白。

在教学活动中,除了传统的讲授方式,教师还可以组织一系列的课堂活动。

(1) 口述:由教师事先指派的口述主题,让学生在课前做好充分的准备之后,在课上进行口述。

(2) 分组讨论:以 3~5 人为一组,对所学内容进行讨论,并对所学内容进行分析。

(3) 两人一组进行对话练习,巩固学到的句型。

(4) 根据课文内容,要求学生根据课文内容进行模仿;教师给出一个活动情景,让学生自己设计对话内容,自己安排角色,在小组内排练后,在课堂上进行表演。

(5) 即兴演说:在教师的安排下,让学生进行即兴而简单的交流。

(6) 信息缺口:把其中的一部分交给学生,让他们通过协作来获取所有的信息。

(7) 访谈:请同学就一个话题或一种文化现象进行访谈。

(8) 分组讨论:把持不同意见的同学分成两个小组,对课本上的一个热门问题进行讨论。

(9) 词义发掘:学生对英语单词的概念含义有了一定的了解,并组织了一次讲座,让学生根据上下文、词源、搭配、英汉对比等方法,发掘出这些单词中蕴含的文化含义。

(10) 习语比较:从文本中选取习语,比较目标语言和本族语言的相似之处与不同之处,并请几位同学报告。比喻相同或相似:wolf in sheep's clothing(披着羊皮的狼),Kill two birds with one stone(一箭双雕)等。比喻不同:Love me, love my dog(爱屋及乌);as strong as a horse(壮得像头牛)等。

(11) 个案剖析:通过对文本中一个具有代表性的语言现象或者文化现象的讨论,并由教师做评论,从而使学生对有关的概念或者文化现象有更深刻的了解。

(12) 资料分享:设置语言、文化主题,要求同学到图书馆、网络等地方查找有关资料,并把得到的资料分享给其他班级,培养小组协作的能力。

参考文献

[1] 贾芳，王禄芳，刘静．跨文化视域下的大学英语教学探究［M］．长春：吉林人民出版社，2022．

[2] 史艳云．大学英语中的跨文化交际［M］．长春：吉林人民出版社，2020．

[3] 王珊，马玉红．大学英语教学的跨文化教育及教学模式研究［M］．武汉：武汉大学出版社，2018．

[4] 王晓玲，曹佳学．跨文化大学英语教学理论与实践［M］．成都：西南交通大学出版社，2015．

[5] 熊文熙，范俊玲，肖玲，大学英语教学与跨文化交际能力培养研究［M］．北京：华文出版社，2021．

[6] 官岳．大学英语报刊选读课的跨文化教学研究［J］．齐齐哈尔大学学报（哲学社会科学版），2023（4）：142－145．

[7] 李冬瑞．跨文化交际背景下的大学英语教学模式分析［J］．英语广场，2023（14）：63－66．

[8] 刘芳．大学英语教学中跨文化意识的培养研究［J］．海外英语，2022（20）：136－137．

[9] 毛婧，文化认同视域下的跨文化交际在大学英语课程中的应用模式分析［J］．海外英语，2022（20）：142－143．

[10] 毛元元，高珍，乔盼盼．以提升跨文化交际能力为目的的大学英语课堂教学探究［J］．英语广场，2023（3）：105－108．

[11] 吴孟秋，大学英语教学中跨文化教育的实施策略探究［J］．海外英语，2023（12）：160－162．

[12] 徐雪娇．地方院校大学英语教学跨文化交际能力培养［J］．安顺学院学报，2022，24（3）：75－79；

[13] 许佳．大学英语教学中跨文化交际能力的培养路径探究［J］．产业与科技论坛，2023，22（9）：116－117．

[14] 杨恩华．跨文化交际视角下的大学英语写作教学［J］．英语广场，2023

(14): 67-71.

[15] 张娣. 如何将跨文化交际能力培养融入大学英语课程教学实践 [J]. 校园英语, 2023 (25): 136-138.

[16] 张丽. 课程思政背景下大学英语课程设计与跨文化交际能力培养研究 [J]. 现代英语, 2023 (5): 75-78.